Paul Schultheis

Kants Lehre vom radikalen Bösen

eine kritische Abhandlung

Paul Schultheis

Kants Lehre vom radikalen Bösen
eine kritische Abhandlung

ISBN/EAN: 9783744668118

Hergestellt in Europa, USA, Kanada, Australien, Japan

Cover: Foto ©Thomas Meinert / pixelio.de

Weitere Bücher finden Sie auf **www.hansebooks.com**

Kant's Lehre
vom radicalen Bösen.

Eine kritische Abhandlung

von

Paul Schultheis.

Inaugural-Dissertation

der philosophischen Facultät zu Jena
zur Erlangung der Doctorwürde

vorgelegt.

Leipzig,
Druck von Ackermann u. Glaser.
1873.

Einleitung.

Die Welt, soweit sie der menschlichen Beobachtung zugänglich ist, erscheint uns als ein einheitlicher Complex von Zwecken. Zwar ist es der wissenschaftlichen Forschung noch nicht gelungen, sowohl das allendliche Ziel des Ganzen, als auch die besondere Bestimmung eines jeden seiner einzelnen Theile klar und vollständig nachzuweisen; doch findet durch das allmälige Fortschreiten der menschlichen Erkenntniss die Wahrheit der obigen Behauptung immer mehr ihre Bestätigung.

Nun zerfällt nach einer Ansicht, deren Haltbarkeit erst mit dem evidenten Nachweise von der Berechtigung der materialistischen Weltanschauung fallen würde, und die nach dem jetzigen Stande der Wissenschaft noch immer die bei weitem grössere Wahrscheinlichkeit für sich hat, die Welt in ein zweifaches Gebiet: in das der Natur und in das des Geistes. Auf Grund dieser principiellen Differenz aber realisiren sich alle Zwecke in der Welt auf eine zweifache Weise: entweder auf eine natürliche, nach der die dem Reiche der Natur angehörigen Dinge ohne Bewusstsein ihrer selbst vermöge einer ihnen immanenten Verbindung von Stoff und Kraft dem ihnen gesetzten Ziele zustreben, oder auf eine geistige Weise, die von jener erstern sich wesentlich darin unterscheidet, dass hier nicht, wie

1*

dort, ein absichtsloses, nur instinctives, sondern ein selbstbewusstes und freies Wirken sich kundgibt.

Bei aller Anerkennung der zweckvollen Anlage und der im Allgemeinen unleugbaren Harmonie der Welt können wir indessen, gestützt auf eine erhebliche Anzahl empirisch gegebener Thatsachen, nicht umhin, in dem Weltprocess — und dies gilt ebenso von dem Gebiete der Natur wie von dem des Geistes — ein störendes Moment anzunehmen, welches die einzelnen Theile im Universum entweder gar nicht oder doch, indem es ihrer Entwickelung hemmend in den Weg tritt, zum mindesten unter Schwierigkeiten an ihr Ziel gelangen lässt. Das ist nicht bloss eine biblisch-theologische Klage; nicht etwa nur eine Lebensanschauung, hervorgegangen aus einer gewissen Empfindsamkeit poetischer Gemüther; nicht etwa eine willkürliche Annahme der Philosophen: sondern ein jeder Mensch selbst, er mag tiefer angelegt sein oder nicht, hat in dem Zeugnisse seines eigenen Innern und in den Erfahrungen, die er tagtäglich an der Aussenwelt macht, die unverbrüchliche Bürgschaft für diese Wahrheit. Jenes Moment nun, welches sich durch den ganzen Organismus des uns bekannten Universums hemmend oder zerstörend hindurchzieht, kann man füglich das Böse (dieses Wort in seiner weitesten Bedeutung genommen) in der Welt nennen. Wie aber die Welt in Natur und Geist zerfällt und in Folge dieses Unterschiedes sich verschiedenartig entfaltet, so nimmt auch das Böse hinsichtlich seines Ursprunges, seiner Erscheinung und seiner endlichen Consequenzen einen verschiedenen Character an: einen andern in den natürlichen, des Bewusstseins ledigen Objecten, einen andern in den mit Selbstbewusstsein und Willenskraft begabten Subjecten, welche Differenz vor allem in der Unzurechnungsfähigkeit jener und in der moralischen Verantwortlichkeit dieser zum Ausdruck kommt.

Worin nun das Böse formell, wie materiell bestehe, wo
ferner der Ursprung desselben zu suchen sei, diese Fragen
haben selbstverständlich den denkenden Geist des Menschen
von dem Augenblicke an beschäftigen müssen, wo dieses
Phänomen ihm zu vollem Bewusstsein gekommen war.
Mit einem gewissen richtigen Tacte und veranlasst durch
das Interesse, welches der Mensch zunächst an sich selbst
nimmt, hat man die Frage nach der Beschaffenheit und dem
Ursprunge des Bösen in der Menschheit zu lösen versucht,
und sind hierauf die verschiedensten Antworten gegeben
worden, theils ganz conträre, theils übereinstimmende und
in letzterem Falle nur mannichfach modificirte. Unter ihnen·
nimmt die von Kant eine bedeutungsvolle Stelle schon deshalb ein, weil sie, wiewohl keimartig·bereits in den Spe-
culationen früherer Denker enthalten, doch zum ersten Male
mit Klarheit und Bestimmtheit von Kant ausgesprochen
worden ist, und weil sie spätern Philosophen und Theologen Impulse gegeben hat, den von Kant betretenen Weg
weiter zu verfolgen (cf. Schelling, philosophische Untersuchungen über das Wesen der menschlichen Freiheit;
Daub, Judas Ischarioth; J. Müller, christliche Lehre von
der Sünde).

Die vorliegende Kritik versucht es nun, die kantische
Lehre vom radicalen Bösen, wie dieselbe in der „Religion
innerhalb der Grenzen der blossen Vernunft" (Ausgabe von
Rosenkranz) niedergelegt ist, einer genauern Prüfung zu
unterwerfen. Und zwar wird sie zuvörderst in möglichst
gedrängter Weise die von Kant aufgestellte Entwickelung
und Begründung der Lehre vom radicalen Bösen wieder-
geben. Es könnte allerdings auf den ersten Anblick erscheinen, als ob ein einfacher Hinweis auf Kant's eigene
Schrift genüge. Indessen, da der wissenschaftliche Werth
einer Kritik sich in erster Linie darnach bestimmt, dass
der Prüfende auch das richtige Verständniss für das hat,

was er seiner Kritik unterwirft, ein solches Verständniss aber sich lediglich in einer freien, zusammenhängenden Reproduction evident documentirt, so dürfte dies Verfahren als gerechtfertigt sich herausstellen, selbst wenn es Gefahr liefe, sich hie und da eine Wiederholung zu Schulden kommen zu lassen. Sodann wird diese Kritik nach einer kurzen Betrachtung der Stellung, welche Kant mit dieser seiner Lehre zu den ihm der Zeit nach vorangehenden Systemen der neuern Philosophie einnimmt, die Entwickelung der kantischen Lehre schrittweise prüfend verfolgen, um dann am Ende das Resultat derselben, mit welchem sie sich gleich an dieser Stelle als nicht einverstanden erklärt, eingehender zu untersuchen und, wenn möglich, zu widerlegen.

Um endlich jedwedem Missverständnisse vorzubeugen, hält der Verfasser es für zweckmässig, an der Spitze dieser Abhandlung seinen eigenen Standpunkt bei der Behandlung der vorliegenden Aufgabe offen zu kennzeichnen. Da nämlich diese Arbeit aus der Feder eines Theologen geflossen ist, so dürfte der Gedanke leicht nahe liegen, als sei dieselbe rein im Interesse des specifisch theologischen Standpunktes geschrieben. In Rücksicht hierauf erklärt der Verfasser, dass er, wenngleich seine Ansicht der biblisch-theologischen Lehre verwandt ist, zum mindesten die Absicht und das ernste Bestreben gehabt hat, auf irgend welches Vorurtheil zu verzichten und der hier einschlagenden theologischen Lehre nur so viel Raum und Berücksichtigung zu gewähren, als Kant selbst es nach seiner Erklärung in der Vorrede zur 1. Auflage der philosophischen Religionslehre gestattet.

I. Darstellung der kantischen Lehre vom radicalen Bösen.

Diese Lehre ist enthalten im ersten Stücke der philosophischen Religionslehre unter der Ueberschrift: „von der Einwohnung des bösen Princips neben dem guten oder über das radicale Böse in der menschlichen Natur". Es zerlegt sich dieses Stück nach einer vorausgeschickten Einleitung in 4 Abschnitte (1. „von der ursprünglichen Anlage zum Guten in der menschlichen Natur"; 2. „von dem Hange zum Bösen in der menschlichen Natur"; 3. „der Mensch ist von Natur böse"; 4. „vom Ursprunge des Bösen in der menschlichen Natur"); den Schluss bildet eine allgemeine Anmerkung („von der Wiederherstellung der ursprünglichen Anlage zum Guten in ihre Kraft"), welche in der 1. Auflage als 5. Abschnitt eine den 4 genannten Abschnitten coordinirte Stelle einnahm. Die Ordnung bei Kant ist selbstverständlich auch für die folgende Reproduction maassgebend.

Einleitung und Anmerkung. Kant geht von jenen beiden Ansichten aus, die über die Geschichte des moralischen Zustandes des Menschengeschlechts gemeiniglich cursiren. Die Eine von ihnen kann man a) die pessimistische nennen, da sie einen Anfang vom sittlich Guten, womit zugleich ein gewisses physisches Wohlbefinden verknüpft gewesen sei, statuirt, um diesem ursprünglichen Zustande als der *aurea aetas* alsbald eine steigende Deterioration der Sittlichkeit und damit zugleich auch eine physische Verschlechterung folgen zu lassen. Ihr entgegen steht b) die optimistische Ansicht, die einen unaufhörlichen Fortschritt der Menschheit vom Schlechtern zum Bessern auf Grund der in der menschlichen Natur enthaltenen Anlage zum Guten behauptet. Um hinsichtlich dieser Meinungsverschiedenheit zu einem der Wirklichkeit adäquaten, abschliessenden Urtheile zu gelangen, untersucht Kant, ob es denn überhaupt mit der jenen beiden Ansichten zu Grunde liegenden Disjunction: „der Mensch ist (von Natur) entweder sittlich gut oder böse" seine Richtigkeit habe. Hierbei stellt es sich denn allerdings heraus, dass jene Disjunction nicht vollständig ist, indem noch zwei andere Ansichten aufgestellt werden können: c) die, nach der der Mensch (von Natur) sittlich indifferent ist, und d) die, welche ihn in einzelnen Stücken gut, in andern böse sein lässt. Kant erklärt sich nun zunächst gegen die (unter c. angeführte) Meinung der Indifferentisten, indem er zeigt, dass die nothwendigen Bedingungen einer jeden Handlung 1. die absolute Spontaneität des Willens und 2. eine Triebfeder seien, welche beide Factoren, ohne den Begriff der Freiheit aufzuheben, insofern neben einander bestehen können, als es Sache der Willkür ist, diese oder jene Triebfeder zu acceptiren. Je nachdem nun der Mensch kraft dieser seiner Freiheit entweder das moralische Gesetz als Triebfeder in seine Maxime aufnimmt d. h. zu seiner allgemeinen Verhaltungsmassregel macht oder nicht, je nachdem ist er moralisch gut oder böse. Wenn nun bei einer Handlung nicht das moralische Gesetz jemandes Willkür bestimmt, so muss der Bestimmungsgrund in einer dem Gesetze widersprechenden Triebfeder liegen. Damit ist aber die Neutralität der sittlichen Gesinnung d. i. des innern Princips der Maxime ausgeschlossen. — Auch die Ansicht (unter d.), dass der Mensch zugleich gut oder böse sei, widerlegt Kant, und zwar damit, dass er die Einzigheit und Allgemeinheit des moralischen Gesetzes urgirt, woraus dann die Allgemeinheit der auf das Gesetz bezogenen Maxime nothwendig folgt. Die synkretistische Ansicht aber aufrecht erhalten würde den Widerspruch ergeben, dass eben jene auf das Gesetz bezogene Maxime zugleich allgemein und besonders sei. So bleiben denn nur noch die beiden erstgenannten Annahmen übrig. Zu welcher er sich bekenne, sagt Kant jetzt definitiv noch nicht. Doch lassen einige kurze Bemerkungen gegen die Optimisten uns bereits über die spätere Entscheidung nicht mehr im Unklaren, Bemerkungen wie die, dass sie Erfahrung und Geschichte wider sich hätten, dass sie am Ende gar Moralität und Civilisation identificirten, und dass sie zu dieser Meinung vermuthlich aus pädagogischen Gründen gekommen wären.

Vorläufig, um dann um so ungehinderter vorwärts gehen zu können, wendet sich Kant zur Beantwortung zweier Vorfragen. Die erste ist die: wer ist böse? Die Antwort lautet: das Kriterium des moralisch Bösen kann nicht jede empirisch wahrgenommene widergesetzliche Handlung als solche, sondern nur die Handlung abgeben, bei und in der der Thäter mit vollem Bewusstsein wider das Gesetz reagirt, so dass man sich zu dem Schlusse genöthigt sieht, in dem handelnden Subjecte sei die oberste Maxime, welche den lebensvollen Grund aller übrigen Verhaltungsmassregeln bildet, böse. — Die zweite Frage aber ist die: was es heisse, von Natur moralisch gut oder böse sein. Natur im gemeinen Verstande ist nach Kant das „Gegentheil des Grundes der Handlungen aus Freiheit". Es liegt auf der Hand, dass, was die Anwendung des Wortes „Handlungen" in dieser Bestimmung betrifft, unser Philosoph nur in der Wahl des Ausdruckes unglücklich gewesen ist. Denn, dass er das Richtige gemeint hat, erhellt aus der Art, wie er beweist, dass mit diesem Sinne das Wort Natur hier nicht verbunden werden dürfe. Das Gegentheil des Grundes von Handlungen aus Freiheit nämlich schliesst gerade den Begriff der Handlung als einer freien Bethätigung des Subjectes aus. Es könnte demnach, jene De-

finition von Natur beibehalten, lediglich von Wirkungen die
Rede sein, die, dem Causalitätsgesetze zu Folge, vorherge-
gangenen Ursachen mit Nothwendigkeit, also nicht mit Freiheit entstammen. Ist also in diesem Falle kein objectiver
und nothwendiger Grund anzunehmen, so kann Natur nur noch
„der subjective Grund des Gebrauchs der Freiheit überhaupt
(unter moralischen Gesetzen)" sein. Damit ist gegeben, dass
jener Grund, der als Ursache jeder empirischen That voran-
geht, nichts Anderes als ein Act der Freiheit sein kann. Gibt
es demnach überhaupt einen Grund des Bösen, so ist er nicht
etwa in irgend einem Naturtriebe, sondern in der Willens-
freiheit zu suchen. Es ist somit der Mensch von Natur gut
oder böse, welcher in Folge eines (uns freilich unerforsch-
lichen) Gebrauchs seiner Freiheit, einen ersten obersten
Grund in sich trägt, nach dem er gesetzmässige oder ge-
setzwidrige Maximen annimmt und zwar allgemein als Mensch,
sofern in ihm der Character seiner Gattung zu Tage tritt.

Im Zusammenhange mit dem eben Bemerkten steht
aber dies, dass, wenn wir von angebornem Bösen reden,
das Prädicat „angeboren" nicht besagen kann, das Böse
habe sich der Mensch nicht auf Grund seiner Freiheit zu-
gezogen; sondern es bedeutet einfach, dass bereits in den
ersten Momenten des Lebens das Böse bemerkbar, also
auch aus keinem Zeitactus der Willkür abzuleiten sei.

Nachdem Kant so die für das eigentliche Thema nothwendigen Voruntersuchungen absolvirt hat, wendet er sich
zu seinem 1. Abschnitt.

1. Von der ursprünglichen Anlage zum Guten
in der menschlichen Natur. Es sei gleich hier die
von Kant später erst aufgestellte Definition des Wortes
„Anlage" vorausgeschickt, nach der er unter derselben die
das Wesen eines Dinges oder einer Person constituirenden
Factoren und deren Verbindungsformen versteht; zugleich
aber die Bemerkung hinzugefügt, dass hier nur von den

Anlagen die Rede sein soll, die auf das Begehrungsvermögen und die Willkür unmittelbaren Bezug haben. Nach ihrem Zwecke soll nun die ursprüngliche Anlage zum Guten im Menschen dreifach sein:

a) eine Anlage für die Thierheit des Menschen als eines lebenden Wesens, d. i. die physische oder blos mechanische Selbstliebe, wozu es keiner Vernunft bedarf. Dieselbe verfolgt aber ein dreifaches Ziel: die Erhaltung seiner selbst, die Fortpflanzung seiner Art, die Bildung und Aufrechterhaltung des Gemeinschaftslebens. Diese Anlage, wiewohl von Grund aus gut, kann durch verderbliche Einflüsse in Laster der Rohheit, schlimmsten Falls in „viehische" Laster ausarten, welche dann, mit den drei genannten Zielpunkten der Selbstliebe correspondirend, in Völlerei, Wollust, Anarchie zerfallen.

b) eine Anlage für die Menschheit des Menschen als eines lebenden und zugleich vernünftigen Wesens. Auch hier bildet die physische Selbstliebe das Hauptmoment; indessen wird der Vernunftgebrauch, der sich in dem Vergleichen der eigenen Lust oder Unlust mit dem Glück oder Unglück der Nebenmenschen äussert, als wesentliches Accidens hinzugenommen. Hat zwar hierbei die Vernunft praktischen Character, so ist sie doch nicht unbedingt gebietend, sondern nur Dienerin anderer Triebfedern. In dieser Anlage gründet das Streben der Menschen, sich in der Meinung Anderer einen Werth zu verschaffen; die Laster dieser Stufe aber sind Eifersucht, Nebenbuhlerei u. s. w.

c) eine Anlage für die Persönlichkeit des Menschen als eines vernünftigen und zugleich, weil freien, der Zurechnung fähigen Wesens; und zwar besteht diese Anlage in der Empfänglichkeit der Achtung vor dem moralischen Gesetze „als einer für sich hinreichenden Triebfeder der Willkür". Den Schwerpunkt verlegt Kant an dieser Stelle offenbar darauf, dass ausser der Achtung vor dem Gesetz,

welche man sonst gewöhnlich moralisches Gefühl nennt,
Kant geradezu für die Persönlichkeit selbst hält, in der
freien Willkür des Subjectes ein gewisser Zug darnach
vorhanden ist, das moralische Gesetz zur Maxime des Handelns zu machen. Es ist dieser Zug nicht Wille, sondern
vielmehr nur der subjective Grund dafür, dass die Willkür
das Gesetz zur allgemeinen Verhaltungsmaassregel annimmt.
Thut sie dies, so ist der Character des Menschen gut zu
nennen.

Diese drei Anlagen sind nicht blos gut, sondern wirk-
liche Anlagen zum Guten, womit nicht nur jede Indifferenz
oder jeder Widerstreit gegen das Gesetz ausgeschlossen
ist, sondern auch die Beförderung des Guten vorausgesetzt
wird; diese Anlagen sind ferner ursprünglich, sofern sie
zum Begriff eines jeden menschlichen Wesens nothwendig
gehören.

2. Von dem Hange zum Bösen in der menschlichen Natur. Wenn Kant zunächst im Allgemeinen
„Hang" definirt als den subjectiven Grund der Möglichkeit
einer Neigung, sofern sie für die Menschheit zufällig ist,
so versteht er darunter nichts Anderes, als eine nicht objective, von Aussem dem Menschen sich aufnöthigende, sondern nur im freien Subjecte selbst zu suchende Prädispo-
sition zu einer habituellen Begierde. Darin also besteht
der Unterschied zwischen dem Hange und der Anlage,
dass jener nicht, wie diese, in dem Begriffe des Menschen
liegt, sondern, „ob er gleich angeboren sein kann, doch
als angeboren nicht vorgestellt werden darf", vielmehr als
vom Menschen angeeignet gedacht werden muss. Diese
allgemeinen Bemerkungen nun auf den Hang zum Bösen
angewendet, so ist dieser „der subjective Grund der Möglichkeit für die Abweichung der Maximen vom Gesetze",
und zwar muss er die Folge einer freien Entscheidung des
Willens sein, ohne welche er uns nimmermehr zugerechnet

werden könnte. Kann nun der Nachweis dafür geliefert werden, dass dieser Hang allen Menschen inhärirt, ein characteristisches Merkmal unserer Gattung überhaupt ist, so kann ihm das Prädicat „natürlich" beigelegt werden. Hinsichtlich der Intensivität, in der er sich realisirt, lassen sich drei Stufen unterscheiden: 1. die Gebrechlichkeit, welche in der Schwäche des menschlichen Herzens besteht, den einmal angenommenen Maximen immer und immer untreu zu werden; 2. die Unlauterkeit, in der wir uns durch das Gesetz, welches wir einzig und allein um der Pflicht willen befolgen sollten, nur dann und insofern bestimmen lassen, wenn und inwiefern es mit andern von uns nebenbei noch acceptirten Triebfedern concurrirt; 3. die Bösartigkeit, welche das Gesetz andern Triebfedern, die als solche in dem Urtheile des moralisch guten Menschen schlechterdings keine Geltung haben, unterordnet. Auf dieser letzten Stufe sind zwar noch legale, nicht aber moralisch gute Handlungen möglich, weil die Denkart in ihrem tiefsten·Grunde verderbt ist. Durch die Erwähnung der Legalität und Moralität wird Kant veranlasst, den Unterschied des Menschen von guten Sitten und des sittlich guten Menschen scharf zu kennzeichnen: kommt es jenem nur auf den Gehorsam nach dem Buchstaben, nur auf die äusserliche Conformität seiner Handlungen mit dem Gesetze an, so beobachtet dieser das Gesetz dem Geiste nach und lässt es sich ausschliesslich zur Triebfeder dienen. Nur aber der, welcher von solchem Pflichtgefühle beseelt ist, hat Anspruch auf den Namen eines moralisch guten Menschen. Alles, was nicht in dieser Gesinnung begangen wird, ist Sünde.

Hätten wir bisher noch nicht erkannt, dass Kant überall da, wo es sich um Moralität handelt, die menschliche Freiheit als das nothwendige Correlat derselben in den Vordergrund setzt, so würden wir jetzt noch besonders darauf hingeführt, wo er zwischen physischem und· mora-

lischem Hang unterscheidet, indem er jenen der Willkür
des Menschen als Naturwesen, diesen der Willkür desselben
als moralischer Person zuweist, und von jenem behauptet,
dass er, weil der Freiheit baar, nicht moralisch böse sein
könne, wohl aber dieser, der nur in dem Vermögen der
Willkür sein Fundament. habe. Wird dies aber festgehalten, so erübrigt es, die Frage zu ventiliren: wie kann
ein Hang, der als subjectiver Bestimmungsgrund der Willkür jeder That vorausgeht, also noch nicht That ist, moralisch böse genannt werden, wenn anerkanntermaassen nur
die That zugerechnet werden kann? Um hierauf zu antworten, greift Kant zu der Unterscheidung zwischen dem
factum intelligibile d. h. demjenigen Act der Freiheit, wodurch die oberste Maxime in die Willkür aufgenommen
wird, und dem *factum phaenomenon* d. i. der empirisch
wahrnehmbaren Handlung, die aus der Annahme jener
Maxime entspringt. Kann nun freilich der Hang zum Bösen
nicht als *factum phaenomenon*, als sensible, in der Zeit
gegebene That angesehen werden, so doch als intelligible
That, als welche er, blos durch Vernunft und ohne alle
Zeitbedingungen erkennbar, der formale Grund aller gesetzwidrigen Handlungen ist und schon rein an sich eine Ver-
schuldung involvirt, mag es nun zur empirischen That
kommen oder nicht. Hang in diesem Sinne heisst nach
Kant „angeboren“, weil er unausrottbar ist, sofern ja die
oberste Maxime verdorben ist, zu einer Besserung also es
nicht kommen kann, und weil wir, obgleich bei seiner Entstehung activ gewesen, doch den innern Grund nicht kennen,
warum jene Maxime in uns böse geworden ist.

Nachdem der Hang zum Bösen auf diese Art in den
äussersten Contouren gezeichnet ist, und indem seine weitere
Characterisirung der spätern Betrachtung vorbehalten bleibt,
sucht Kant nun den Nachweis davon zu führen, dass er,
wenngleich voraussetzungsweise, so doch mit voller Be-

rechtigung diesen Hang als natürlich d. h. als zum Character der menschlichen Gattung gehörig im Vorhergehenden
bezeichnet habe. 3. Der Mensch ist von Natur böse. Wenn das
Kriterium des bösen Menschen darin enthalten war, dass
er trotz des seiner Vernunft immanenten Wissens um das
moralische Gesetz doch die (gelegentliche) Abweichung
von demselben in seine Maxime aufgenommen hat, so will
der Zusatz „von Natur" nicht so viel sagen, als sei das
Bösesein ein nothwendiges Merkmal im Begriff des Menschen, sondern deutet nur darauf hin, dass die empirische
Kenntnissnahme des sittlichen Zustandes der Menschheit zu
der Ansicht führe, in jedem, auch dem besten, Menschen
sei dieser Hang. Da derselbe aber seiner Zurechnenbarkeit
halber nicht Naturanlage sein kann, sondern vielmehr in
gesetzwidrigen Maximen bestehen muss, diese Maximen
aber, als der Freiheit wegen nur zufällige, allein dann neben
der Allgemeinheit dieses Bösen ohne Widerspruch bestehen
können, wenn der subjective oberste Grund aller Maximen
mit der Menschheit selbst auf irgend eine Weise verwebt
und in ihr gewurzelt ist, so kann dieser natürliche Hang
zum Bösen als das radicale Böse in der menschlichen Natur bezeichnet werden. — Zum Beweise der Wirklichkeit
des Behaupteten appellirt Kant an Thatsachen der Erfahrung, und zwar zuerst an solche, wie sie unter den soge-
nannten Naturvölkern zu beobachten sind. Ein Blick in
ihr Leben hinein widerlegt gründlich die schön klingende
Phrase von der natürlichen Gutartigkeit, die bei ihnen ihre
Heimath haben soll. Aber auch die Völker, die sich eines
gesitteten Zustandes rühmen, bieten ein ebenso trauriges
Bild dar, nur dass durch das mit der Civilisation verbun-
dene Raffinement die Schäden ihrer Moralität ein weniger
schlimmes Aeussere erhalten. — Nach dieser Darlegung
der sittlichen Verhältnisse im Völkerleben fordert die Voll-

ständigkeit, noch am Individuum dasselbe Phänomen auf-
zuweisen. Obgleich Kant diese Aufgabe bereits im 2. Abschnitt gelöst hat, wo mit der Beschreibung des Hanges
zum Bösen implicite auch das Vorhandensein desselben zugegeben wurde, geht er der Genauigkeit zu Liebe doch
noch einmal auf die Beschaffenheit des Bösen im Menschen
ein, indem er eine *a priori* gewonnene Antwort auf die
Frage nach dem Grunde des Bösen zu geben versucht,
welcher ja das innere Princip alles Bösen, das für die
mannichfaltigen Erscheinungen einheitliche Moment enthält.
Das Böse hat nun nicht seinen Grund 1. in der Sinnlichkeit, weil diese nicht die Region der Freiheit ist, auch
2. nicht in einer boshaften Vernunft, weil so der Mensch zum
Teufel würde. Hat es nun keinen materiellen Grund, so
hat es einen formellen, und dies erhellt aus Folgendem.
Für den Menschen gibt es zwei Triebfedern von ganz ver-
schiedenem Character, die er in seine Maxime aufnehmen
kann: Das Gesetz, welches, wenn er es den einzigen Bestimmungsgrund seiner Willkür sein liesse, ihn zum moralisch vollkommenen Menschen machen würde, und die Sinnlichkeit, die zunächst zwar schuldlose Naturanlage ist, aber
zur obersten Maxime erhoben den moralisch bösen Menschen ergibt. Nun aber nimmt der Mensch zwar die Triebfeder des Gesetzes, aber zugleich auch (dem subjectiven
Princip der Selbstliebe zu Folge) die der Sinnlichkeit in
die Maxime auf. Gäbe der Unterschied der Triebfedern
den Maassstab für die Moralität ab, so wäre demnach zu behaupten, der Mensch könne zugleich gut und böse sein.
Da jedoch dies einer frühern Beweisführung gemäss einen
Widerspruch involvirt, so ist nicht in der Materie der
Maximen d. h. darin, „welche Triebfeder in diese aufgenommen wird", sondern in der Form d. i. in der Ueber- oder
Unterordnung der einen Triebfeder über oder unter die andere
der Grund des Bösen zu suchen. Das Böse besteht folglich

darin, dass der Mensch, nachdem er beide Triebfedern ac-
ceptirt hat, dabei aber zu der Einsicht gelangt ist, dass
nur Eine von beiden die oberste Bedingung der Andern
sein könne, die Triebfeder der Sinnlichkeit zur Bedingung
für die Befolgung des moralischen Gesetzes macht. Hier-
mit ist durchaus nicht behauptet, dass solch intelligibler
böser Character durch die empirische Bethätigung jedesmal
sofort erkannt werde, da ja der Mensch nicht selten eine
bewundernswerthe Kunstfertigkeit besitzt, seine unlautere
Gesinnung hinter scheinbar moralischen Handlungen zu ver-
bergen. Dieses Böse aber ist radical, sofern es den Grund
aller Maximen verdirbt, und deshalb auch unvertilgbar.
Nachdem Kant hier noch einmal darauf hingewiesen hat,
dass diese Verkehrtheit des Herzens der Befolgung des Gesetzes nach dem Geiste widerstrebt, kommt er am Schlusse
dieses Abschnittes noch auf die angeborene Schuld zu sprechen, die auf der Stufe der Gebrechlichkeit und Unlauterkeit für unvorsätzlich, auf der Stufe der Bösartigkeit aber
für vorsätzlich zu erachten ist.

4. Vom Ursprunge des Bösen in der menschlichen Natur. Unter erstem Ursprunge versteht Kant
„die Abstammung einer Wirkung von ihrer ersten Ursache,
die also als solche nicht wiederum Wirkung einer anderen
Ursache von derselben Art ist", und unterscheidet einen
Vernunft- und einen Zeitursprung. Jener, der ausserhalb
oder über aller Zeit zu suchen ist, stellt sich so recht
eigentlich als der Sphäre der Freiheit zugehörig heraus,
sofern bei ihm blos auf das Dasein der Wirkung reflec-
tirt wird, während bei diesem das Geschehen derselben als
einer Weltbegebenheit und damit sofort auch das Natur
und Zeit beherrschende und die Willkür einschränkende
Causalitätsgesetz zu berücksichtigen ist. Hier, wo es sich
um das moralisch Böse, also um eine Wirkung nicht nach
Natur- und Zeitursachen, sondern nach Freiheitsgesetzen

handelt, kann nur vom Vernunftursprunge die Rede sein,
denn „von den freien Handlungen als solchen den Zeitursprung zu suchen, ist ein Widerspruch, mithin auch von der
moralischen Beschaffenheit des Menschen, sofern sie als
zufällig (d. i. als frei) betrachtet wird". Von allen Er-
klärungen des Ursprungs des Bösen ist demnach die „un-
schicklichste" die Erbsündentheorie, bei der von der Zurechnungsfähigkeit nicht mehr die Rede sein kann. Hat
Kant bis jetzt erst gezeigt, wo überhaupt die Genesis des
Bösen zu suchen sei, so will er dasselbe nun nach
seiner innern Möglichkeit und nach den zu seiner Reali-
sation nöthigen Bedingungen betrachten. Zu diesem Zwecke
unterwirft er zunächst den Ursprung nicht des bösen Hanges,
sondern einer einzelnen bösen Handlung der Beobachtung.
Eine jede solche Handlung, meint er, müsse rücksichtlich
ihres Vernunftursprunges so vorgestellt werden, „als ob der
Mensch unmittelbar aus dem Stande der Unschuld in sie
getreten wäre", weil die Handlung nichts Anderes als das
Resultat des ursprünglichen Gebrauchs der Willkür sei.
Jede Handlung von diesem Gesichtspunkte aus anzusehen,
glaubt sich Kant deshalb berechtigt, weil ja selbst für den
bösen Menschen immerdar die Pflicht, sich zu bessern, besteht und damit, dass sie besteht, zugleich die Möglichkeit
besser zu werden statuirt sei. Die Zurechnenbarkeit einer
Handlung also bleibt dieselbe, sie sei vom Stande der Unschuld aus gethan oder nicht, weil „durch keine Ursache
in der Welt der Mensch aufhört ein freihandelndes Wesen
zu sein". Die Erklärung aber jenes Vernunftursprunges
des Bösen gestaltet sich bei Kant so: das Erste, was uns
entgegentritt, ist der Stand der Unschuld d. i. der Zustand
des Freiseins vom bösen Hange; das Nächste ist dies, dass
der Mensch gegenüber dem allein und unbedingt guten
Verbote Gottes, sich nach andern nur bedingter Weise
(sofern sie nämlich mit dem Gesetze nicht collidiren) guten

Triebfedern umsieht, bis er in Folge eines ursprünglichen Gebrauchs der Willkür aus dem sündlosen Zustande heraustritt. Der Vernunftursprung aber des bösen Hanges ist unerforschlich 1. wegen der Unendlichkeit der Reihe subjectiver Bestimmungsgründe für die Aufnahme subordinirter Triebfedern zuoberst in die Maxime, und 2. weil das Böse nur aus dem moralisch Bösen entspringen konnte und doch in der menschlichen Natur ursprünglich nur die Anlage zum Guten enthalten gewesen sein muss. — Mit einem kurzen Seitenblick auf die biblische Diabologie endet dieser Abschnitt, dem noch die Anmerkung folgt.

Schlussanmerkung von der Wiederherstellung der ursprünglichen Anlage zum Guten. Der Satz: „was der Mensch ist und werden soll, dazu muss er sich selbst gemacht haben oder machen" ist für Kant eine unumstössliche Wahrheit. Denn sogar die ursprüngliche Anlage zum Guten muss in die Maxime aufgenommen sein, ehe jemand gut genannt werden kann. Dasselbe soll nun auch von dem Besserwerden des gefallenen Menschen gelten. Selbst wenn es einen höhern Beistand hierbei gäbe, müsste der Mensch sich immer erst dessen würdig machen und ihn für seine Person anzunehmen sich entschliessen. Gnadenwirkungen im Sinne der Theologie haben höchstens den Character des begleitenden Beistandes. Die Unbegreiflichkeit aber eines Heraustritts aus dem Stande der Schuld hinüber in ein Bessersein meint Kant zu heben, wenn er in dem Gebote, sich zu bessern, die Möglichkeit einer sittlichen Umkehr ausgesprochen sieht, und wenn er behauptet, dass, wie es möglich gewesen ist, dass der Mensch mit seiner ursprünglichen Anlage zum Guten doch böse wurde, ebenso auch der entgegengesetzte Fall denkbar sein müsse. Der Punkt, an den bei der Beantwortung der Frage, wie ein fauler Baum gute Früchte bringen

könne, anzuknüpfen ist, sei der übriggebliebene Keim des
Guten. Die Triebfeder zum Guten ist noch nicht verloren,
braucht nur an den ihr gebührenden Platz versetzt zu werden, indem sie zum für sich hinreichenden Bestimmungsgrund der Willkür gemacht wird. Ist dies geschehen, dann
befindet sich der Mensch auf dem Wege zur Besserung,
welche in einem unaufhörlichen Fortschritt zu dem gottgewollten Ziele des Menschen besteht. Der zur Fertigkeit
gewordene feste Vorsatz, auf diesem Wege zu beharren,
heisst Tugend und zwar Tugend „der Legalität nach" als
ihrem empirischen Character (mit der constanten Maxime
gesetzmässiger Handlungen), wozu es keiner Herzensände-
rung, sondern nur einer Aenderung der Sitten bedarf, oder
der Moralität nach als ihrem intelligiblen Character, für
die freilich nicht blos eine successive Reform, sondern eine
totale Revolution in der Gesinnung nöthig ist. Letzteres,
so undenkbar es erscheint bei den im Grunde verderbten
Maximen des Menschen, muss wegen des Daseins des
Pflichtgebotes doch möglich sein. Der Mensch muss also
mit einem Schlage durch einen Willensact den obersten
Grund seiner Maximen umkehren, dann ist er principiell
und ideell gut, während dieses Gutwerden und Gutsein sich
allerdings in den Handlungen nur auf dem Wege continuir-
lichen Werdens realisirt. In Gottes Augen ist dieser un-
endliche Fortschritt Einheit und so viel, als thatsächlicher
Erweis eines guten Menschen, für die menschliche Beobachtung nur fortdauerndes Streben. Dieser Fortschritt aber
wird nach Kant's Glauben möglich gemacht durch Cultivirung der Anlage zum Guten, ferner dadurch, dass man
keine tugendhafte Handlung bewundert, weil das aus Pflicht
Gethane nichts Ausserordentliches sei, kurz, dass man die
Achtung und Begeisterung für das moralische Gesetz wecke,
welches uns ja vor allen andern Creaturen auszeichnet.
Hier tritt noch einmal das radicale Böse vor Kant's Seele.

Widerspricht dieses nicht einer solchen Wiederherstellung?
Kant antwortet: allerdings, was unsere Einsicht von deren
Möglichkeit betrifft, ist dasselbe, indessen der Möglichkeit
selbst ist es nicht entgegen. Dem Menschen bleibt also
die Hoffnung, durch eigene Kraftanstrengung das Ziel zu
erreichen; denn es heisst: „Du sollst"; folglich muss er
auch können.

II. Allgemeine Würdigung der Kantischen Lehre vom radicalen Bösen im Vergleich zu den vor Kant aufgestellten Systemen der modernen Philosophie.

Ehe die vorliegende Kritik auf die Lehre vom radicalen Bösen näher eingeht, hat es gewiss seine volle Berechtigung, wenn dieselbe auf der Basis des· allgemeinen
Eindrucks, den die eben gegebene Reproduction des
1. Stücks der Religion innerhalb der Grenzen der blossen
Vernunft hinterlassen hat, in aller Kürze die Stellung in
Betracht zieht, welche Kant mit dieser seiner Lehre zu den
ihm der Zeit nach vorangegangenen Systemen der modernen Philosophie einnimmt. Denn es ist nicht nur überhaupt
für das richtige Verständniss, sondern insbesondere für eine
objective Beurtheilung eines jeden philosophischen Gebäu-
des von höchster Wesenheit, dass man eine Kenntniss von
der Denkart und dem Geiste der Zeiten erlangt hat, unter
deren mittel- oder unmittelbaren Einfluss dasselbe aufgeführt
worden ist. Zumal gilt dies von Kant, welcher an alle
jene gewaltigen Ideen, die seit der mit Descartes anheben-
den neuen Aera der Philosophie den sinnenden Geist der
Menschen bewegt hatten, wie an ein grosses Erbtheil
herantrat, um es nach bestem Wissen und Verstand aus-

zunutzen und zu vermehren, weislich zu ordnen und or-
ganisch zusammenzufassen, und so an Form wie Inhalt
reicher der Nachwelt zu übermitteln.

Freilich, da die Lehre vom radicalen Bösen nur einen
Theil der Kantischen Religionsphilosophie bildet, könnte es
leicht den Anschein haben, als sei dieses eine Stück zu
einem Vergleich mit den in dieses Gebiet einschlagenden
Lehren früherer Philosophen unzureichend. Indessen dürfte
es nicht schwer fallen, diesen Anschein schwinden zu
machen, indem nachweisbar dieser Theil als der funda-
mentale *in nuce* Alles enthält, was spätere Abschnitte aus-
führlicher entwickeln, so dass, was hier zwar nur von dem
einen, aber für jede Religionsphilosophie desto wichtigern
Gesichtspunkte des Bösen aus erörtert wird, zugleich für
alles Andere characteristisch ist.

Bekanntlich hat die Geschichte der Philosophie von
Descartes an bis zu Kant zwei dem Inhalte wie der Zeit
nach verschiedene Hauptrichtungen des philosophischen
Denkens durchlaufen: die pantheistische des 17., die indi-
vidualistische des 18. Jahrhunderts. Dass der Pantheismus,
wenn er sich treu bleiben will, hinsichtlich der Moral und
Religion keine Früchte zu treiben vermag, und dass, falls
er doch solche aufweist, er sie eben nur auf Kosten der
Consequenz sein Eigen nennt, ist schon mehr denn einmal
aus dem Begriffe und Wesen dieser Richtung von anderer
Seite in überzeugender Weise dargethan worden; und die
Geschichte der Philosophie des 17. Jahrhunderts bestätigt
dies gleichfalls. Denn, wenn Descartes in „die zur Vir-
tuosität gewordene Unmöglichkeit, zu irren“, die höchste
Freiheit und somit die höchste Vollkommenheit setzt, wenn
er „die Beherrschung der Leidenschaften und consequentes
Wollen“ als Ziel des menschlichen Strebens bezeichnet, so
sind dies eben nur gelegentliche Aeusserungen, über deren
Werth man urtheilen mag, wie man will, von denen aber

die Geschichte gezeigt hat, dass sie in Disharmonie mit dem ganzen System stehen, indem Geulincx die Consequenzen, die einzig und allein aus den Descartes'schen Grundprincipien folgen, kühn gezogen hat, wenn er die Lehre von der vollständig resignirten Hingabe des Willens an die göttliche Allmacht aufstellte. Was ferner den Hauptrepräsentanten dieser Periode, Spinoza, anlangt, so ist es undenkbar, wie für eine gesunde Entwickelung der sittlich-religiösen Ideen der günstige Boden sich da finden sollte, wo die Allsubstanz Alles mittel- oder unmittelbar bedingt und eine solche Anerkennung geniesst, dass die Einzelwesen fast nur nach ihrem Determinirtsein von Seiten des Unendlichen und nach ihrer Totalität, wenig oder gar nicht nach ihrer relativen Selbstständigkeit und Freiheit in Betracht gezogen werden.

Dieser pantheistischen Richtung gegenüber erhob sich als natürliche Reaction im 18. Jahrhundert der Individualismus, welcher in 2 Hauptströmungen verfloss: im Realismus, der mit Locke, und im Idealismus, der mit Leibnitz anhob. Es ist allgemein bekannt, wie die erste Linie in abschüssigem Falle, besonders in Frankreich, dem Naturalismus, Materialismus, Atheismus in die Arme gelaufen ist, welche Richtungen sämmtlich in ihren Doctrinen der praktischen Philosophie, die Naturseite des Menschen betonend, die Befolgung der natürlichen Triebe anempfahlen und somit einem bald höhern bald niedern Eudämonismus huldigten (Hutcheson, Adam Smith; Helvetius). — Allein auch der Idealismus, der im Menschen nicht, wie die eben besprochene Richtung, die Natur-, sondern die Vernunftseite urgirte, konnte sich ebenfalls nicht einer durchgängigen Freiheit von eudämonistischen Elementen rühmen, indem er zwar die Idee der Vollkommenheit als oberstes Princip gelten liess und die Glückseligkeit nur als Accidens derselben betrachtete, aber bei der nähern Bestimmung jener

Idee nicht eben eine bedeutende Tiefe der ethischen Anschauung verrieth, sofern er sich „ganz einfach und kritik-
los an die Beschreibung dessen machte, was die Menschen
insgemein wollen, daraus dann durch Abstraction mehr
oder weniger allgemeine Begriffe bildete, und somit eigentlich ein System dessen zu Stande brachte, was insgemein
geschieht, d. i. aber ein System des Eudämonismus." Der
Leibnitz-Wolf'schen Philosophie folgte als eine äussere Verbindung des Realismus und Idealismus die Aufklärung,
welche, so vieles Anerkennenswerthe sie auch in ihrem
Schoosse barg, doch bei der Stärke ihres subjectiven Selbst-
gefühls der damit leicht sich verbindenden Gefahr, in Theorie
wie Praxis theils oberflächlich, theils frivol zu werden, sich
nicht entwand.

Im Gegensatze nun zu allen den genannten Systemen,
vor allem aber im Gegensatze zu der ihm am nächsten
liegenden Zeitrichtung, die in ihren extremsten Erscheinungen „blind vor Licht, trunken von dem Wahne der
Aufklärung, ohne Sinn für das Erhabene, desto mehr mit
Lust, dasselbe in den Staub zu ziehen" sich zu einer
schwindelnden Höhe emporgehoben hatte, schrieb in heiliger
Begeisterung für Wahrheit und Sittlichkeit Kant die Kritik
der praktischen Vernunft, und von dem tief sittlichen Geiste,
der dieses Werk durchweht, ist, vielleicht in noch höherer
Potenz, auch die uns beschäftigende Schrift erfüllt. War
Kant schon für seine Person eine durchaus ethische Natur,
so hatte er noch ausserdem von seinem philosophischen
Standpunkte aus ein doppeltes Interesse, eine praktische
Philosophie zu schaffen, die von dem grösstmöglichen Ernste
getragen würde. Auf das Eine weist Chalybäus hin, wenn
er sagt, dass es für Kant eine Sache der höchsten Be-
friedigung hätte sein müssen, von dem Gebiete des eigentlich theoretischen Wissens selbst hinweg auf ein anderes
zu treten, um, was er dort mit der einen Hand zerstört,

hier mit der andern fester und schöner wieder aufbauen zu können. Das Andere aber ist dies, dass unserm Philosophen, der eine apriorische und von aller empirischen Zuthat gesäuberte Moralphilosophie aufzustellen beabsichtigte, und der ferner anerkanntermaassen die Religion lediglich auf Moral reducirte, Alles daran liegen musste, auf dem moralischen Gebiete nun auch um so strenger und gewissenhafter zu Werke zu gehen. Es ist wohl kaum zu bezweifeln, dass erst im Laufe der Zeit und in Folge der eingehendern Beschäftigung mit diesem Gegenstande die sittliche Betrachtungsweise Kant's sich vertieft hat, da sich eine nicht unbedeutende Kluft gerade hinsichtlich der Auffassung des Bösen zwischen den Vorlesungen über die philosophische Religionslehre und unserer Schrift aufthut, aber, sei dem wie ihm wolle, das später und zuletzt Gebotene wird bei jeder und speciell bei unserer Werthschätzung in die Waagschale fallen müssen.

Da sind es nun drei Punkte, die in Rücksicht auf die frühern Systeme der modernen Philosophie im Allgemeinen als die Hauptvorzüge der Kantischen Religionsphilosophie und insbesondere des von uns zu prüfenden Theiles erwähnt zu werden verdienen, wiewohl man auch ihnen nicht ohne mannichfache Beschränkungen und Modificationen wird beistimmen können.

Das Erste, was den *lapis lydeus* jeder praktischen Philosophie abgibt, ist die Art und Weise, wie das Ziel des Menschen bestimmt wird. Je höher nämlich die sittliche Aufgabe des freien Subjectes aufgefasst und je tiefer auf die Wurzel, der diese Aufgabe entstammt, eingegangen wird, desto klarer und urwüchsiger wird sich ein Moralsystem theoretisch entfalten, desto grösser und gewaltiger wird seine praktische Tragweite sein. Es ist nicht zu verkennen, dass gerade in dieser Beziehung Kant im Vergleich zu dem Eudämonismus des 18 Jahrhunderts eine

einzigartige Stellung einnimmt. Abgesehen davon, dass er
das Gesetz als das Eine und Einzige hinstellt, unter welches als die ausschliessliche Norm seines Wollens der
Mensch mit Hintansetzung alles Andern, sei's noch so
lockend und reizend, sich zu beugen habe, sucht er vor-
züglich durch den Nachweis, wie wir zur Kenntniss des
Gesetzes kommen, die Aufmerksamkeit darauf zu lenken,
dass, wo der tiefste Grund unseres Ich's erfasst werde,
auch da das Gesetz seinen eigentlichen Ursprung habe.
Mit dieser Appellation an das dem Menschen eigene sittliche Bewusstsein als ein für ihn unveräusserliches und
ewig heiliges Gut bezweckt er nichts weniger, als dies,
dass er die Flamme warmer Liebe und unbedingter Hingabe an das Gesetz anzünde, weil ja nur auf diese Weise
auch eine wahrhafte Achtung vor der eigenen Persönlichkeit möglich ist. Als ein Herold, der die Gemüther gewinnen und in ihnen Begeisterung wecken will für die
Aufnahme dieses Gesetzes, erhebt Kant seine Stimme und
legt ein lautes Zeugniss für die Pflicht ab angesichts einer
Zeit, auf der der Bann eines engherzigen Eudämonismus
lastete, und die er deshalb in ihrem innersten Wesen
empfindlich verwundete.

Soll aber dies Alles kein leerer Schall sein, sondern
der Menschenwelt wirklich auch Nutzen bringen, so bedarf
es nothwendig zum Andern eines Hinweises darauf, wie
der sittliche Habitus des einzelnen Menschen dermalen entweder in Conformität oder auch in Incongruenz zu jener objec-
tiven Norm sich befindet. Der Vertreter des Spinozismus in
Herbart's Gesprächen über das Böse ereifert sich in Hinblick
auf die selige Ruhe bei seinem Meister über den seiner Ansicht nach gewaltigen Grundirrthum, dass man sich und Andere mit dem Bösen auf so arge Art abquäle, und verwirft jede
„unselige" Neigung, nach dem Bösen zu graben. Allein
man kann, wie dies bei Kant der Fall war, ein gar war-

mes Herz für die Menschheit besitzen und weit entfernt
sein, sich und die Andern peinigen zu wollen, wenn man
ein wahrheitsgetreues Bild von dem Contrast unseres sittlichen Zustandes und der von uns im Gesetz geforderten
Heiligkeit einzig in der sichern Ueberzeugung entwirft,
dass nur auf diese Art das Heil erreicht werde. Ist doch
wohl der Arzt, welcher in Folge der sentimentalen Besorg-
niss, Wehe zu thun, durch momentan lindernde Mittel den
mit einem Male helfenden Schnitt zu vermeiden sucht, um
schliesslich denselben doch noch, jedoch vielleicht schon
zu spät zu wagen, in Aller Augen der unklügere. Auch
liegt wohl die Antwort auf die Frage nicht allzuweit, ob
der weisere Arzt den schmerzbringenden Schnitt zur rech-
ten Zeit unternehmen würde, wenn er nicht die Hoffnung
hegte, dass neben dem wunden Theile sich noch gesundes
Fleisch finden werde, von dem aus die böse Stelle, ihres
verderblichen Inhalts entledigt, sicher zuheilen werde. Hatte
Kant dies Gesunde am Menschen in jener ursprünglichen
Anlage zum Guten wohl erkannt, glaubte er auf Grund
der Existenz des Pflichtgebotes unablässig an die im Menschen selbst liegen müssende Möglichkeit, besser zu werden, so konnte er es auch wagen das Subject zuvörderst
zur Erkenntniss seiner selbst zu führen und brauchte kein
Hehl aus jenem „faulen Flecke" zu machen, der dem Individuum wie der Gattung anklebt. Welch' grossartiges
Verständniss er aber von der entweder mehr auf der Ober-
fläche oder aber auch in der Tiefe des menschlichen Herzens
wuchernden Sittenverderbniss sich angeeignet hatte, lehrt
das erste Stück der philosophischen Religionslehre, wie
kein anderes. „Der blaue Dunst", den sich der Eine oder
Andere vorzaubern könnte, um dem sittlichen Blicke die
Klarheit zu benehmen, wird hier in wenigen Zeilen ver-
scheucht, der Wahrheit die Ehre gegeben, und die Schuld
des Menschen offen und unverhohlen zugestanden. Wo aber

die moralische Verantwortlichkeit des Individuum als solchen so, wie bei Kant, in den Vordergrund gestellt wird,
da ist jedweder pantheistischen Tendenz die Spitze abge-
brochen; wo ferner das gegenwärtige Sinnen und Dichten
des Menschen gewissermaassen als ein Abfall von seinem
eigentlichen Sein und als von Geburt auf verderbt angesehen wird, da ist dem Realismus kein Platz gegönnt. Selbst
ein Rousseau müsste dem wahrheitsgetreuen Zeugnisse Kant's
gegenüber verstummen und dem Gedanken von der natürlichen Gutartigkeit des in's Leben tretenden Menschen als
einem schönen, aber trügerischen Traume entsagen. Dem
Individualismus überhaupt mit seiner Selbstbewunderung
und Selbstgenügsamkeit hatte Kant in Wenigem gezeigt,
dass, ehe man das Einzelwesen theoretisch wie praktisch
für das Maass der Dinge erklären dürfe, man doch erst dieses
Einzelwesen selbst auch nach allen Dimensionen hin einer
sorgfältigen Prüfung unterstellen müsse, damit man ja nicht
am Ende das Maass, wie die Rechnung als falsch erfände.

Aber es genügt einer in sich abgeschlossenen Moral
nicht, nur das objective Ziel und die dermalen sittliche
Beschaffenheit des Subjectes einfach neben einander zu
stellen, sondern sie muss zum Dritten Mittel und Wege an-
geben, den Gegensatz, in dem die Heiligkeit des Gesetzes
auf der einen und der Wandel des Menschen auf der andern
Seite stehen, allmählich aufzuheben. Auch hier lässt Kant
in der allgemeinen Schlussanmerkung einiges Streiflicht
auf die Lösung dieser Aufgabe fallen. Ist dies auch die
schwächste Partie, wie solches von Dr. Paul (Kant's Lehre
vom radicalen Bösen) in prägnanter und treffender Art
nachgewiesen ist, so ist doch die ernste Absicht nicht zu
verkennen, von den einmal angenommenen Principien aus
das Möglichste zu leisten. Eben hier, wo unser Philosoph
ringt und ringt, um etwas Befriedigendes zu bieten, eben
hier leuchtet seine sittliche Natur in strahlendem Glänze weit

hervor über die gesammte philosophische Literatur des
17. und 18. Jahrhunderts, die nicht ein Aehnliches aufzu-
weisen hat.

Die missgünstige Aufnahme, welche die „Religion innerhalb der Grenzen der blossen Vernunft" von Kant's Zeit-
genossen zu erfahren gehabt hat, ist das sprechendste Zeugniss dafür, wie hoch Kant mit den in diesem Werke nie-
dergelegten Ideen über der Denkart seiner Tage erhaben
war, und der Spott, den er zum Theil dafür geerntet, ist
durch die gerechtere Würdigung einer spätern Zeit längst
in ein Ehrenzeichen verwandelt worden.

Nach diesem allgemeinen Vergleich der Kantischen Moralphilosophie mit den Erzeugnissen der frühern Philosophie
sind wir zu dem Punkte gelangt, wo wir kritisch den Ent-
wickelungsgang der Lehre vom radicalen Bösen zu verfolgen haben und zwar dergestalt, dass wir uns der
Gründe von dem, was Kant lehrt, näher bewusst werden,
und je nach der Stichhaltigkeit derselben uns zu ihnen
entweder negirend oder bejahend oder limitirend verhalten. Es versteht sich von selbst, dass wir, um das Ganze
nicht Einbusse erleiden zu lassen, bei dem Einzelnen, wenn
möglich, nicht allzulange verweilen, zumal bei der Bespre-
chung von Begriffen, die, wie z. B. der der Freiheit, längst
mit Erfolg von der nachkantischen Philosophie untersucht
und berichtigt worden sind.

III. Kritik der Lehre vom radicalen Bösen.

Die Einleitung sammt der ihr beigefügten Anmerkung
hat, wie leicht ersichtlich ist, nur den Zweck, den Leser
vorläufig einen Blick auf das Gebiet werfen zu lassen, dessen Boden er betreten soll, indem sie bei dieser Gelegen-

heit zugleich die Bestimmung einiger Begriffe absolvirt,
die für die ganze Entwickelung von Bedeutung sind. Was
das Erstere, die vorläufige Orientirung über den Gegen-
stand anlangt, so kommt es vor Allem darauf an, jene
beiden Pole scharf in's Auge zu fassen, zu denen alles
Folgende mehr oder weniger in Beziehung steht, und zwischen denen Kant zu vermitteln strebt. ˙Der Erste dieser
beiden ist die allgemeine Sündhaftigkeit der menschlichen
Gattung, deren thatsächliches Vorhandensein zwar zunächst
noch einfach als Behauptung dahingestellt wird, im Weiteren aber erwiesen werden soll. Dass wir in diesem
Punkte Kant schon im Voraus beipflichten, lässt sich bereits aus dem entnehmen, was im Eingang dieser Arbeit
(Seite 3 —4) gesagt wurde. Man braucht kein sittlicher
Genius zu sein, man braucht nur gesunde Augen des
Geistes zu haben, um das Phänomen des Bösen in sich,
in jedem Andern, in der Gesammtheit der Menschen als bald
stärker bald schwächer ausgeprägt kennen und anerkennen
zu lernen. Die Geschichte der Individuen sowie der Gattung spricht für jene Behauptung in einer vernehmlichen
Sprache, und doch wie relativ wenig vermag die Geschichte
von all der Gährung und Unruhe, von all dem Zwie-
spalt und Kampf zu erzählen, welchen eben dies Phänomen tief drinnen in den Menschenherzen heraufbeschworen
hat, ohne dass je ein Auge oder Ohr davon vernommen
hat! — Der andere Pol aber wird von Kant in der Einleitung da betont, wo er gegen die latitudinarischen Ansichten auf ethischem Gebiete zu Felde zieht: es ist die
unbedingte Freiheit des Menschen bei einer Handlung, die
als moralisch gut oder böse bezeichnet wird. Wo von
moralischen Qualitäten die Rede ist, da, meint er, ist auch
von Zurechnung die Rede. Die Zurechnungsfähigkeit aber
hat zu ihrem Correlat die Freiheit. Darum weist Kant
bei der Frage nach dem Grunde des Bösen gleich von

allem Anfang an die Antwort ab, die das Böse etwa auf
einen Naturtrieb zurückführen möchte. Es unterliegt wohl
keinem Zweifel, dass Kant an der eben berührten Stelle
unter Naturtrieben nichts Anderes verstanden hat, als was
wir gewöhnlich natürliche, sinnliche Triebe nennen; indessen dürfte für das weitere Verständniss eine Erweite-
rung dieses Begriffs wohl am Platze und um so mehr verstattet sein, als sie sicher im Geiste Kant's liegt und zur
umfassenderen Auffassung seiner Ansicht beiträgt. Es könnte
nämlich scheinen, als ob, da das Wesen des Menschen
ein doppelseitiges, ein geistleibliches ist, das Böse zwar
nicht aus einem sinnlichen, wohl aber aus einem geistigen
Triebe herzuleiten sei, wie z. B. aus dem Wissenstriebe.
Jedoch wäre es eine grundfalsche Voraussetzung, überhaupt
in irgend welchem Triebe, also auch einem geistigen, die
Quelle des Bösen suchen zu wollen, da jeder Trieb an
sich sittlich indifferent ist.

Indem das Böse somit ausschliesslich in die Sphäre
der Freiheit verwiesen wird, ergibt sich aber sofort eine
Schwierigkeit, wenn wir dieses Moment mit dem erstgenannten, der allgemeinen Sündhaftigkeit, zusammenhalten.
Der Begriff der Allgemeinheit legt uns nämlich den Gedanken nahe, dass in Bezug auf die sittlich verderbte
Willensrichtung zwischen den einzelnen Individuen unserer Gattung ein Causalnexus obwalte, ein Gedanke, in
welchem man neben vielen andern Beobachtungen besonders durch das Auftreten böser Neigungen schon im zar-
testen Kindesalter bestärkt wird. Und doch, das Causal-
gesetz auf dem sittlichen Gebiete geltend gemacht, wo
bleibt dann die soeben mit Recht behauptete Freiheit und
Unbedingtheit des menschlichen Willens, auf die ja Alles
bei der Beurtheilung einer moralischen Handlung ankommt?
An die Lösung dieses Problems, welches die Einleitung,
wenn auch nicht offen, so doch implicite aufstellt, macht

sich nun Kant in den vier nächsten Abschnitten, durch die
hindurch wir ihn zu begleiten uns sofort anschicken, da
wir uns bei den Bestimmungen des bösen und von Natur
bösen Menschen nicht aufzuhalten brauchen, sofern die
erstere, indem sie nicht auf die einzelne Handlung als
solche, sondern auf das Princip alles Handelns, die Gesinnung, abzielt, zweifellos richtig ist, die andere aber an
geeigneterer Stelle geprüft werden kann.

1. Abschnitt. Von der ursprünglichen Anlage
zum Guten in der menschlichen Natur. Um ein an-
schauliches Bild von den sittlichen Lebensbedingungen in
der Menschennatur zu entwerfen, thut Kant wohl daran,
dass er dieselbe gleichsam vor unsern Augen construirt.
Mit logischer wie sachlicher Nothwendigkeit beginnt er
mit der Anlage zum Guten als dem Ursprünglichen, da
der Mensch, wie er aus der Hand des Schöpfers hervorgegangen ist, nur als (natürlich *potentialiter*) gut vorgestellt
werden kann. Die Art und Weise aber, wie Kant nun
operirt, dass er nämlich eine Anlage zum Guten für die
Thierheit, Menschheit und Persönlichkeit präsumirt, hat
auf den ersten Blick etwas Frappantes, und dies mit vollem Recht. Sehen wir die Sache genauer an, so stellt
sich zuvörderst schon die Definition des Wortes „Anlage"
als der zu einem Wesen erforderlichen Bestandstücke sowie ihren Verbindungsformen offenbar als nicht zureichend
noch scharf genug heraus, da sie erstlich zu weit ist und
zweitens das *punctum saliens* nicht trifft, welches zweifelsohne sowohl in einer besondern Receptivität für gewisse
an sie herantretende Anregungen als auch in der freilich
noch gebundenen Entwickelungsfähigkeit nach einer bestimmten Richtung hin besteht. Kant deutet nur in mangel-
hafter Weise darauf hin, wenn er jene drei Anlagen nicht
blos negativ, sondern auch positiv gut nennt, und wenn
er die Anlage zum Guten für die Persönlichkeit als den

subjectiven Grund für die Aufnahme der Achtung des Gesetzes in die Maxime ansieht, somit doch als etwas, was
seiner eigenthümlichen Qualification gemäss einen gewissen
Zug zum Guten, das Gute im Keime involvirt. Diese im
Ganzen unentwickelte und undeutliche Vorstellung vom
Wesen der Anlage ist nun nicht wenig Schuld daran, dass
dieser ganze Passus über die Anlage zum Guten in mehr-
facher Beziehung der Berichtigung bedarf. Zur leichtern Ver-
ständigung über diese ganze Partie sei nur noch Eins
vorausgeschickt, worauf Dr. Paul in der citirten Schrift
bereits aufmerksam gemacht hat, dies nämlich, dass man
ja nicht die Anlage für die Thierheit mit der Anlage zur
Thierheit verwechslen solle. Nach Kant „gibt es eine Anlage zum Guten, die sich auf dem Gebiete realisirt, wo
der Mensch als Thier, eine andere da, wo er als vernünftiges, eine dritte endlich da, wo er als zurechnungsfähiges
Wesen fungirt". So richtig diese Interpretation ist, so
muss doch zugegeben werden, dass, eben weil sich z. B.
auf dem Gebiete der Thierheit eine solche Anlage vorfin-
den soll, auch in der Thierheit selbst diese Anlage zum
Guten enthalten sein müsste. Dass an dem sei, beweist
die Classification, in der Kant jene drei Gebiete parallel
neben einander stellt. Die coordinirte Stellung derselben
berechtigt uns demgemäss zu sagen: gerade und ganz ebenso, wie auf dem Gebiete der Persönlichkeit, gibt es auch
innerhalb der Thierheit und Menschheit eine Anlage zum
Guten. Dem subjectiven Grunde für die Aufnahme des
Gesetzes in die Maxime dort muss ein gleiches Moment
hier entsprechen, und da sich später herausstellen wird,
dass jener subjective Grund dort nicht, wie Kant will, blosse
Zuthat zur Persönlichkeit ist, sondern ein die Persönlich-
heit selbst constituirender Factor, so müsste consequenter
Weise auch hier die gute Anlage zum Wesen der Thier-
und Menschheit gehören: eine Behauptung, deren Irrthüm-

lichkeit schon an sich einleuchtet, am meisten aber dann,
wenn wir die einzelnen Classen betrachten. Welches soll
denn die Anlage zum Guten für die Thierheit sein? Die
physische, bloss mechanische, der Vernunft entbehrende
Selbstliebe. Nun aber kreist doch Alles hier um den einen
Punkt des Moralischen. Geräth aber Kant so nicht mit
sich selbst in Widerspruch, wenn er, der sich sonst die
Sittlichkeit als nur in der Sphäre der Freiheit und der Ver-.
nunft wurzelnd vorstellt, hier auf einem, wie er ausdrücklich erklärt, der Vernunft baaren Gebiete eine Anlage zum
Guten sucht? Abgesehen aber von dieser Inconsequenz
widerspricht diese Ansicht der thatsächlichen Wahrheit.
Oder sollte wirklich jemand die Stücke, aus der Kant die
Selbstliebe zusammensetzt, nämlich die Erhaltung seiner
selbst, die Fortpflanzung seiner Art, den Gemeinschaftstrieb
so ohne Weiteres als Anlagen zum moralisch Guten statuiren wollen? Und sollte er die ihnen correlaten Laster,
Völlerei, Wollust, wilde Gesetzlosigkeit Laster nennen
wollen, die auf die gute Anlage „aufgepfropft" seien? Gerade in dieser letzten Behauptung würde er den hierbei begangenen Denkfehler am ehesten einsehen lernen. Denn das
wird wohl niemand bezweifeln, dass eine Anlage zum Guten
sich noch so energisch entfalten kann, ohne je in Schlech-
tigkeit umzuschlagen. Man gäbe nun doch der physischen
Selbstliebe die für ihre Entwickelung nöthige Nahrung und
lasse ihr den weitesten Spielraum, wozu man ja bei jenem
Vertrauen auf ihre Güte vollkommenen Grund hat, und gerade jene viehischen Laster werden sich als die selbst-
getriebene Frucht von dem herausstellen, was Kant Anlage zum Guten nennt. Und woher dies? Weil im Menschen
der regulative Factor hinsichtlich der physischen Functionen
nicht innerhalb der Thierheit selbst seinen Sitz hat, wie
solches bei dem mit Instinct begabten Thiere der Fall ist,
sondern hoch über dieser in der Vernunft mit ihrem Ge

setze sich befindet. Ist demnach auf dem Gebiete der
Thierheit keine Anlage zum Guten zu suchen, so wäre es
gleichwohl ein falsches Beginnen, auf Grund jener Thatsache, dass der sich selbst überlassenen Selbstliebe die
oben erwähnten Laster entspringen, sofort anzunehmen,
die Thierheit enthalte einen Keim zum Bösen; vielmehr
ist dieselbe sittlich indifferent, und erst, wenn der Mensch
seiner Vernunft nicht die ihr gebührende Herrschaft ein-
räumt, wird die Thierheit zum Organ der Sünde. Nachdem
wir somit den Irrthum Kant's nachgewiesen zu haben glauben, welchen die Präsumption einer Anlage zum Guten für
die Thierheit in sich birgt, sei nur noch die Berechtigung
zum mindesten in Zweifel gestellt, mit der der Gemeinschaftstrieb auf den Boden der Thierheit verwiesen wird,
da doch wohl vor allem die Vernunft und Persönlichkeit
den Menschen zum ζῶον πολιτικόν machen.

Es soll nun ferner für die Menschheit eine Anlage zum
Guten in uns als lebenden und zugleich vernünftigen Wesen
vorhanden sein. Wir können, ohne unvollständig und
oberflächlich zu sein, hier kürzer verfahren, weil Vieles von
dem, was wir soeben besprochen haben, auch auf diesen
Theil seine Anwendung findet. Schon die doppelte Beziehung, in der hier der Mensch als lebendes und zugleich
vernünftiges Wesen betrachtet wird, verräth es, dass wir
mit dem einen Fusse auf dem physischen, mit dem andern
auf dem Vernunft-Gebiete stehen, so aber, dass die Vernunft mit einer untergeordneten Stellung sich begnügen
muss. Da nun aber gerade in sittlichen Fragen nach Kant's
eigenem Vorgange eine solche Halbheit nicht verstattet ist,
und die beiden Gebiete des Physischen und Vernünftigen
streng getrennt werden müssen, so löst sich dieser
Theil in zwei Stücke auf. Ist bereits über das Erstere
von diesen beiden Stücken im Vorhergehenden das Urtheil
gefällt, so sei bezüglich des Zweiten nur Folgendes noch

bemerkt. Nach Kant erzeugt die vergleichende Selbstliebe
die Neignng, sich in Anderer Meinung Werth zu verschaffen, und zwar ursprünglich den der Gleichheit. Es ist
evident, dass diese vergleichende Selbstliebe, wenn irgendwo, so auf dem Gebiete der Persönlichkeit ihre Basis hat.
Denn was berechtigt mich zu solchem Vergleiche und zu
dem Wunsche, Andern coordinirt zu sein? Dies doch, dass
ich Mensch, dass ich Persönlichkeit bin; mit diesem meinen
Ich ist mir die Bedingung und das Anspruchsrecht zu gleich-
mässiger Beurtheilung und Werthschätzung mit meinen
Nebenmenschen gegeben. Also Alles, was Kant in Betreff
dieser vergleichenden Selbstliebe sagt, würde in die dritte
Classe fallen. Aber auch abgesehen davon wird von Kant
selbst diese Anlage zum Guten als Quell jener „ungerech-
ten Begierde" bezeichnet, sich eine Ueberlegenheit über
Andere zu erwerben, mit welcher Bemerkung es sich allerdings schlecht verträgt, wenn er die aus dieser Begierde
hervorgehenden Fehler und Laster unmittelbar nachher
wieder „auf die Neigung aufgepfropft" sein lässt. Mag man
nun sich an jene erste oder an diese letztere Aussage halten, gleichviel; wenn wir auch noch nicht mit Dr. Paul
behaupten möchten, dass jenes Vergleichen der Selbstliebe,
schon rein an sich, einen Gift- und Pesthauch in sich trägt,
weil wir in demselben zunächst nur eine an sich berech-
tigte Reflexion auf Grund des Bewusstseins persönlicher
Gleichheit mit Andern sehen, so sind doch ohne allen
Zweifel „die Laster der Cultur" selbstgezeitigte Früchte
dieser Anlage, womit ihre Güte im Sinne Kant's in Abrede
gestellt ist.

So bleibt denn nur eine Anlage zum Guten für die
Persönlichkeit übrig, und sie besteht in der Empfänglichkeit für das moralische Gesetz. Wir müssen Dr. Paul beipflichten, wenn er in dieser Anlage das die Persönlichkeit
selbst constituirende Element erblickt im Gegensatz zu Kant,

welcher nur die Idee und Achtung des Gesetzes mit dem
Wesen der Persönlichkeit identificirt, den subjectiven Grund
aber zur Aufnahme dieser Achtung als Triebfeder zu einem
besonderen Zusatz der Persönlichkeit herabdrückt. Es sei
verstattet, die Gegenbemerkung Dr. Paul's gegen diese
Kantische Vorstellungsweise zu citiren, da sie in aller Kürze
das rechte Licht über diesen Punkt gibt. „Man sieht nicht
ein, was von der Persönlichkeit noch übrig bleibt, das sie
zu einem der zurechnungsfähigen Wesen machen könnte,
sobald man von ihr den subjectiven Grund, der den Willen
vom Gesetze bestimmen lässt, loslöst. Die Idee der Menschheit (wie Kant will) intellectuell betrachtet ist nicht die
Persönlichkeit selbst, enthält nur die Möglichkeit derselben;
sobald diese Möglichkeit Wirklichkeit werden soll, muss
jener subjective Grund für die Willensbestimmung durch's
Gesetz da sein.“ In der That, aus der Persönlichkeit, in
der die Anlage zum Guten enthalten ist, muss die Sittlichkeit als ihrer einzigen Quelle hervorströmen. Hier und
nur hier existirt eine Anlage zum Guten.

Obwohl dieser erste Abschnitt dem Allem zu Folge
einer bedeutenden Modification bedarf, um den in der Wirklichkeit gegebenen Verhältnissen Rechnung zu tragen, so
enthält derselbe doch die eine Grundwahrheit, dass der
Mensch ursprünglich als der Anlage nach gut vorgestellt
werden und diese Anlage zur wesentlichen Substanz der
menschlichen Natur gehören muss. Sie besteht aber in
jenem geheimnissvollen, dem Ich ureigenen Zuge nach dem
Guten, in jener wunderbaren Kraft, die immer und immer
vom Centrum unseres Wesens aus gegen die Sünde reagirt,
und die selbst von dem schlimmsten Verbrecher empfunden
wird, mögen auch ihre Impulse, wie die Schläge eines
allmälig erkaltenden Herzens, noch so selten und langsam
sich wiederholen.

Von dem seiner eigentlichen Natur nach geschilderten

Menschen wendet sich Kant nun zu dem Menschen, wie
er geworden und dermalen beschaffen ist.
2. Abschnitt. Von dem Hange zum Bösen in
der menschlichen Natur. Das Bild, welches Kant hier
von dem sittlichen Habitus des Menschen entwirft, trägt
im allgemeinen wie im besondern das Gepräge der Wahrheit. Wenn er in dem Hange zum Bösen den subjectiven
Grund jener Neigung zur gelegentlichen Abweichung der
Maximen vom Gesetze erkennt, sofern diese Neigung zufällig, also nicht zum Begriff des Menschen gehörig, sondern erst irgendwie in die menschliche Natur als Accidens
hineingekommen ist, so hat er damit eine Thatsache ausgesprochen, die nicht zu leugnen ist, und einen Ton ange-
schlagen, der im Einzel- wie Gesammtbewusstsein sein
Echo findet. Die ängstliche Sorgfalt, mit der Eltern über
das Thun und Treiben des noch unreifen Kindes wachen;
die zahlreichen Verbote im Staate wie in der Kirche; die
grosse Vorsicht, mit der die Völker unter einander die
rechtlichen Grenzen ihres Handels und Wandels zu ziehen
pflegen, dies und noch vieles Andere, sollten wir meinen,
beruht auf der Voraussetzung, dass in den einzelnen wie
in den Gesammt-Organismen gleich von vorn herein jene
Inclination zu unsittlichen und unrechtlichen Extravaganzen
latent und deren Verwirklichung bei der nächsten Gelegenheit zu befürchten sei. Und, sollte sich doch noch jemand
von so oberflächlicher Natur finden, welcher die Realität
eines bösen Hanges mit einem gewissen Hohnlächeln in
Zweifel stellen wollte, so erbitten wir uns nur die eine
Frage von ihm offen und ehrlich beantwortet, die nämlich,
ob er wohl, sobald es sich um seine eigenen Interessen
handelt, an einen jeden Menschen ohne alles und jedes
Vorurtheil herantritt, von ihm sich keiner und sei. es noch
so kleinen Unbill gewärtigt, ob kein Anflug des Misstrauens
sich seiner Seele bemächtigt, und er seine geheimsten

Gedanken dem Ersten Besten auf Grund seiner Zuversicht
zu dessen Gutartigkeit offenbaren möchte. Und, wenn die
Antwort auf diese Frage verneinend ausfällt, so mag er
doch sagen, woher wohl er so klug und vorsichtig seinen
Mitmenschen gegenüber geworden ist, wenn nicht durch die
Erfahrungen, die er an Andern und — an sich gemacht
hat. Hat ja selbst Spinoza, dessen selige Ruhe bisweilen
gepriesen wird, den Naturzustand der Menschen als einen
Kampf Aller gegen Alle bezeichnet. Gewiss, noch immer
gilt das *nitimur in vetitum*; allein ebenso wie dies, ist auch
das Zweite, was Kant lehrt, gewiss: dieser Hang ist wider
unsere eigentliche Natur; denn jener ununterbrochene Kampf,
jenes unablässige Streiten in der Menschenbrust wider dieses in uns sich regende böse Princip bezeugt uns die Unzu-
gehörigkeit des Hanges zum menschlichen Wesen. Dieser
zweifachen Wahrheit ist sich Kant klar bewusst und bringt
sie in unserm Abschnitte zum adäquaten Ausdrucke. Die
3 Stufen des bösen Hanges (Gebrechlichkeit, Unlauterkeit,
Bösartigkeit) sind ebenfalls in der Natur der Sache begründet, und, dass Kant schon in der Gebrechlichkeit den Pesthauch der Verderblichkeit sieht, lässt ihn und seine sittliche Anschauung in dem vortheilhaftesten Lichte erscheinen.

Sind wir mit Kant bis hierher in Einverständniss gewesen, so bedarf es jedoch nun der höchsten Vorsicht, wo
er auf die sogenannte intelligible That hinüberleitet. Der
Hang zum Bösen, meint er, ist kein physischer, sondern
moralischer, weil er sonst uns nicht zugerechnet werden
könnte. Wir müssen dem beistimmen; denn dass dieser
Hang uns und zwar von uns selbst zugerechnet wird, dafür liefert den eclatantesten Beweis unser eigenes Schuld-
bewusstsein, welches freilich zunächst auf die einzelnen
Thatsünden als solche, im tiefsten Grunde aber zugleich
auch auf den ganzen corrumpirten Habitus des Menschen
und der Menschheit überhaupt als die letzte Quelle jener

besonderen Thatsünden abzielt, woher es erklärlich ist,
dass gerade die relativ edelsten und reinsten Charactere
nicht bloss, was selbstverständlich wäre, für die von ihnen
begangenen Fehler, sondern auch für das unserm ganzen
Geschlecht anhaftende Uebel der Sündhaftigkeit ein tief
schmerzliches Gefühl empfinden. Aus dieser Zurechnungsfähigkeit folgert nun Kant weiter, dass der böse Hang eine
freie That unseres eigenen Willens voraussetze; denn nur
für meine That bin ich verantwortlich; und, weil der Hang
vor jeder empirischen That zu beobachten, ja schon mit
der Geburt gegeben ist, erscheint es da nicht plausibel,
eine That jenseits dieser Zeit zu constatiren, in welcher
der Mensch seine Freiheit also gebrauchte oder richtiger
missbrauchte, dass er die gelegentliche Abweichung vom
Gesetze in seine oberste Maxime aufnahm? Es genüge,
vor der Hand bereits darauf aufmerksam gemacht zu haben,
dass in diesen Schlüssen, welche die ganze Beweiskraft
der Lehre vom radicalen Bösen enthalten, der Angelpunkt
liegt und liegen muss, von dem aus der Gegenbeweis geliefert werden kann. Doch ist es noch nicht an der Zeit
und würde es die Einheitlichkeit unseres Angriffes beein-
trächtigen, wollten wir die schwache Stelle in dieser Con-
clusion schon jetzt blosslegen. Folgen wir darum Kant noch
durch die beiden nächsten Abschnitte, in denen ja nur
eine ausführlichere Explication dessen geboten wird, was
hier noch nicht allseitig entwickelt vorliegt. Nur sei am
Schlusse der Betrachtung dieses Theiles noch in Erinnerung gebracht, dass Kant diesem Hange das Prädicat
„unausrottbar" vindicirt, ein Prädicat, über dessen Gültigkeit wir uns noch kein Urtheil erlauben, welches aber für
spätere Erörterungen von Wichtigkeit sein wird.

3. Abschnitt. Der Mensch ist von Natur böse.
Wir wissen jetzt genau, dass Kant mit diesem Satze
nichts Anderes sagen will, als dass der Mensch auf Grund

der Empirie böse genannt werden muss. Das Böse aber besteht in jenem Hange zur Abweichung vom Gesetze. Für die weitere Behandlung dieses Gegenstandes aber sei vor Allem der Unterschied zwischen Hang *in potentia* und *in actu* recht streng festgehalten: auf jenen ersteren kommt es jetzt hauptsächlich an, wo wir den von Natur bösen Menschen betrachten. Die geschichtlichen Thatsachen, die Kant als Beweise für die Realität dieses Hanges in allen Schichten und Verhältnissen der Menschheit anzieht, sind zu bekannt und anerkannt, als dass jemand gegen unsern Philosophen Widerspruch erheben sollte. Wenden wir uns deshalb ohne Weiteres zu der Erörterung, die Kant über die Beschaffenheit dieses Bösen anstellt, indem er dieselbe aus der Frage nach dem Grunde der Sünde zu erkennen sucht. Der Grund für dieselbe kann nach ihm nicht in der Sinnlichkeit liegen, und das mit Recht. Denn durch diese Annahme würde die ethische Natur der Sünde in das Physische herabgezogen (was Kant in den Worten andeutet, dass der Mensch so zum Thiere werde); ja man würde durch solche Behauptung consequent zur Nothwendigkeit des Bösen und damit einerseits zur Negation der Freiheit, andrerseits zu dem Satze geführt, dass Gott der Urheber des Bösen sei. Der Grund der Sünde kann nach Kant aber auch nicht in einem schlechthin bösen Willen enthalten sein, weil der Mensch kein Teufel ist und „sogar der ärgste Mensch auf das moralische Gesetz nicht gleichsam rebellischer Weise Verzicht leistet". Hat Kant zwar sachlich in gewisser Beziehung Recht, wie wir gleich sehen werden, so ist das von ihm herbeigebrachte Argument jedoch nicht glücklich gewählt noch zwingend genug, rein deswegen weil er die Differenz zwischen dem potentiellen und actuellen Hang nicht scharf beobachtet. Dr. Paul gibt zwar zu, dass der Mensch allerdings nicht Teufel ist, fragt aber sofort, ob er es nicht werden könne. Kant

negirt diese Frage schlechthin, indem er selbst den ärgsten
Menschen, in dem also der böse Hang zur denkbar mög-
lichsten Actualität gekommen ist, eine offene Rebellion
gegen das Gesetz abspricht, und setzt sich so unnöthiger
Weise wohlbegründeten Angriffen aus: unnöthiger Weise,
sagen wir, weil diese seine Bemerkung nicht in directer
Beziehung zu seinem Thema steht. Es bewegt sich ja
Alles hier um die apriorische Beantwortung der Frage nach
dem Grunde des Bösen, oder, was dasselbe sagen will,
nach der Entstehung eben jenes Hanges. Unter diesem
Gesichtspunkte aber — die Kantische Lehre vom intelligiblen Sein einmal als richtig zugegeben — gibt es nur
die Alternative: entweder lässt sich über den Grund des
Bösen im intelligiblen Sein platterdings nichts aussagen,
weil wir weder von der Existenzweise noch viel weniger
von der sittlichen Activität des Noumenon in derselben etwas
wissen, oder wir müssen von der Art und Weise, wie
während des Erdenlebens der Mensch zur Sünde kommt,
auf jene intelligible That einen Schluss machen. Kant thut
dies Letztere, ohne nur irgendwie zu erörtern, ob und inwie-
weit er dazu berechtigt ist, für das intelligible Sein und
Handeln ganz die nämlichen Factoren (Gesetz und Sinnlichkeit) mit ganz dem nämlichen Einfluss auf die Willkür
des Subjectes anzunehmen, wie die es sind, welche im zeit-
räumlichen Dasein existiren und sich geltend machen: ein
vorschnelles Beginnen, das sich in der Folge in empfindlicher
Weise rächt. Schliesst man aber nun einmal mit Kant
von dem Modus des Sündigens im empirischen Dasein auf
die Art, wie das Böse im intelligiblen Leben entstanden
sein könnte, so muss zugegeben werden, dass die erste
Erscheinung der Sünde in Rücksicht auf die subjective Gesinnung des Sünders sich nicht als eine entschiedene und
absichtliche Aufkündigung des Gehorsams gegen das Gesetz manifestirt: ob dann bei successiver Steigerung das

Böse im Menschen in offene Rebellion umschlagen kann,
das ist eine Frage, die nicht in den Rayon unseres Thema's gehört, weil es sich hier um den ersten Anfang, nicht
um das schliessliche Resultat des Sündigens handelt.
Wenn nun nicht (das ist der weitere Gedankengang
Kant's) in der Materie, so ist in der Form der Maximen
der Grund des Bösen enthalten, und zwar in der Subordination des Sittengesetzes unter die Sinnlichkeit, welche
Unterordnung nicht als eine bloss momentane und isolirte,
sondern als eine continuirliche, eingewurzelte und die ganze
Handlungsweise des empirischen Characters vom intelligiblen Character aus präterminirende vorzustellen ist. Sehen
wir zu, ob diese Bestimmung, die hier Kant gibt, sich vor
dem allgemein verbreiteten Bewusstsein von der Sünde
rechtfertigt. So viel ist unbestritten: die Sünde eignet nur
einer freien Persönlichkeit. Das Centrum der Person ist
der selbstbewusste Wille. Dieser wird im normalen Zustande sowohl formell wie reell frei sein müssen d. h. er
hat nicht bloss das Vermögen zu wählen, sondern trägt in
sich einen gewissen Inhalt, von dem aus er sich bestimmt,
und dieser Inhalt geht darauf hinaus, dass der Mensch sein
selbst sei d. i. so, wie er seiner Anlage, seinem Zwecke
nach wirklich sein soll. Das Gefäss, welches diesen Inhalt
umschliesst, ist die Vernunft, die im Sittengesetz sich an
den Menschen richtet. Sucht der Mensch nun in seinem
Wollen und Handeln das ihm immanente Gesetz zu realisiren, so ist er wahrhaft gut; denn er will sich, wie er
seiner gottgesetzten Bestimmung nach sein soll. Besteht
sonach das sittlich Gute in der absoluten Herrschaft der
gesetzgebenden Vernunft, so wird der Gegensatz dazu aus
der Aufhebung dieser Herrschaft abzuleiten sein; und es ist
die Art, wie dies geschieht, von Kant psychologisch fein
und richtig geschildert, wenn er sagt, dass die Sinnlichkeit, ursprünglich bestimmt, Dienerin der Vernunft zu sein,

zunächst ihrer Herrin, der Vernunft, nur coordinirt wird, um alsbald, weil sich zwei Gebieter nicht eben nebeneinander vertragen wollen, das entschiedene Uebergewicht zu gewinnen. Die gottgewollte sittliche Ordnung ist umgekehrt. Aus dieser kurzen Entwickelung ist ersichtlich, dass Kant die Entstehungsweise der Sünde für die zeiträumliche Daseinsweise des Menschen, aber auch nur für diese, im Grunde richtig characterisirt hat. Was er schliesslich noch über die 3 Grade der Schuld bemerkt (*culpa; dolus; dolus malus*), ist wohl begründet, für unsere fernere Betrachtung aber von keiner Tragweite.

4. Abschnitt. Vom Ursprung des Bösen in der menschlichen Natur. Worauf Kant bisher hingearbeitet hatte, das erreicht nun seinen klaren und bestimmten Ausdruck. Jener angeborne Hang zum Bösen darf seiner Zurechnenbarkeit halber nicht als ein dem Menschen überkommenes Erbe vorgestellt werden, sondern hat vielmehr seinen Ursprung über der Zeit, in einem intelligiblen Sein. Dieses Resultat der Kantischen Schlussfolgerung muss nun vor allem näher beleuchtet werden, zumal da unser Philosoph sich nicht weiter über die Möglichkeit und Realität dieses seines Schlussatzes verbreitet noch auf dessen Begründung einlässt. Sollte sich aber in der Folge dieses Resultat als unwahrscheinlich und der Wirklichkeit widersprechend herausstellen, so würden wir nur noch die Prämissen, aus denen dieses unrichtige Ergebniss hervorgegangen ist, aufzusuchen und entweder ganz aufzuheben oder doch wenigstens zu modificiren haben. Ehe wir aber dies thun, sei nur noch zuvor eine in dem 4. Abschnitt von Kant aufgestellte Behauptung berichtigt, welche in dem Weiteren sich nur schwer einfügen lassen würde und deshalb gleich hier am Passendsten ihre Erwähnung findet. Sie ist enthalten in dem Satze: „wenn man den Vernunftursprung einer bösen Handlung sucht, so muss sie so betrachtet

werden, als ob der Mensch unmittelbar aus dem Stande
der Unschuld in sie getreten wäre; denn, wie auch sein
voriges Verhalten gewesen sein mag, so ist seine Handlung frei." Jenes „als ob" zeigt, dass Kant hier nur eine
Annahme aussprechen will. Gleichwohl vergisst er dies
im Folgenden, indem er ohne besondern Erweis diese Annahme für wirklich gelten lässt und sich nun in einer Reihe
von Widersprüchen bewegt, welche den Menschen zugleich
als frei und unfrei darstellen. Dr. Paul sieht den Grund
dieses Fehlers in der für den abstracten Verstand unge-
lösten Antinomie: der Mensch ist wegen der Zurechnenbarkeit des Bösen frei und doch auch wegen des ange-
bornen Bösen unfrei. Und allerdings ist es nicht zu leugnen, dass Kant an den Folgen dieser nicht aufgehobenen
Antinomie laborirt. Zu dem scheint uns aber noch folgen-
gender Grund hinzuzukommen. Kant will an der betref-
fenden Stelle dem Vernunftursprunge des Bösen nachforschen. Diesen nahm er lediglich deshalb an, um ein Gebiet zu gewinnen, wo die absolute Freiheit zum Handeln
statuirt und die Zurechnungsfähigkeit des Menschen für den
mit dem empirischen Dasein sofort in ihm vorhandenen
Hang zum Bösen erklärt werden könnte. Um nun aber
wieder den Vernunftursprung vorstellbar zu machen, greift
Kant in das empirische Gebiet zurück, dem er sich soeben glücklich entwunden hatte, und verwickelt sich so in
Widersprüche, indem er Thatsachen der empirischen Welt
ohne Weiteres mit Thatsachen der intelligiblen Welt ver-
mischt. — Kehren wir nun zu der Hauptsache der ganzen
Lehrentwickelung vom radicalen Bösen zurück.

Die Annahme der intelligiblen That hat nothwendiger
Weise die Vorstellung der Präexistenz zur Voraussetzung.
Kant selbst spricht sich über diesen letztern Punkt freilich
nicht weiter aus, aber die Kritik darf nicht in gleicher
Weise an demselben vorübergehen, wenn sie zu einer

richtigen Beurtheilung der Lehre vom radicalen Bösen gelangen will. Sehen wir demgemäss zunächst zu, welche
Bewandtniss es mit der Gewissheit dieser Voraussetzung
hat. Indem wir aber gleich von allem Anfang an dies
im Gedächtniss behalten, dass die menschliche Forschung
gerade nach dieser Seite hin noch gar sehr im Halbdunkel
der Unklarheit sich bewegt, werden wir der Wissenschaft-
lichkeit zu Liebe es uns angelegen sein lassen, bisweilen
lieber die Unzulänglichkeit der menschlichen Erfahrung und
Erkenntniss einfach anzuerkennen und eher so Manches noch
offen stehen zu lassen als Behauptungen aufzustellen, denen
noch die sichere Grundlage fehlt. Auch werden wir uns
mit den allgemeinsten und wichtigsten Zügen begnügen
und uns streng innerhalb der Grenzen halten, die uns
durch das uns beschäftigende Hauptthema von selbst ge-
steckt sind.

Es ist von Interesse und trägt zur Illustration des zu
behandelnden Gegenstandes wesentlich bei, wenn man zuvörderst die Vertreter der Lehre von der Präexistenz und
die Motive, warum sie diese Lehre statuiren, in aller Kürze
kennen lernt. Will man von vereinzelten Bemerkungen
bei den Pythagoreern absehn, so ist Plato der Erste, welcher
die Präexistenz der Seelen ausdrücklicher hervorhob und
sie damit begründete, dass er das Wissen als ein Wieder-
erinnern an die schon vor dem irdischen Leben intellectuell
angeschauten Ideen auffasste. Ihm folgten Philo und Plotin,
welcher Letzterer besonders aus dieser Hypothese den
Unterschied der einzelnen Seelen erklären zu können glaubte.
In Anschluss an diese und nach dem Vorgange seines Leh-
rers, des Clemens Alexandrinus, hatte dann Origenes besondere Veranlassung, jene Annahme auch zu der seinigen zu
machen, sofern er sie bei der Ausbildung seiner allerdings
sehr subjectiven Lehre vom Falle der Geisterwelt trefflich
verwerthen konnte, und gab ihr im Gegensatz zu Clemens,

der sie mehr idealistisch fasste, einen entschieden rea-
listischern Character. Im Mittelalter haben, die jüdisch-
rabbinische Theologie ausgenommen, sich nur wenige An-
hänger der Präexistenztheorie gefunden. Erst in neuerer
Zeit hat Kant und haben theils und meist aus denselben
Gründen, wie er, theils anderer Motive halber Schelling,
Einige aus der Schleiermacher'schen Schule, J. Müller und
auch Dr. Paul der alten Lehre einen neuen Ruf verschafft.
Wie hieraus ersichtlich ist, sind es immerhin nur Wenige,
die sich zu ihr bekennen. Gleichwohl würde selbst die
geringe Zahl ihrer Vertheidiger uns nicht bestimmen, von
vorn herein mit einem gewissen Vorurtheil an diese Hypothese heranzutreten (sind doch die Namen, die für dieselbe
einstehen, in der Wissenschaft hoch angesehen), wenn
nicht die Gründe, die man zum Erweis des Behaupteten
vorbringt, sehr bedenklicher Natur wären, und wenn es
nicht leicht zu erkennen wäre, dass man meist, um gewisse andere Thatsachen zu erklären, sich für ein intelligibles Sein entscheiden zu müssen meinte.

Mit dieser letzten Bemerkung haben wir nun das be-
rührt, was in erster Linie bei einer Untersuchung über die
Präexistenz in Erwägung zu ziehen ist: die Frage nämlich,
vor welches Forum denn überhaupt die Entscheidung über
diesen Punkt gehört. Ohne allen Zweifel werden wir einer
rein theoretischen und speculativen Entwickelung, die den
von ihr einmal approbirten Principien gemäss zu diesem
Resultate kommt, nicht ohne Weiteres in die Hände fallen
dürfen, weil wir uns sagen müssen, dass diese Frage ihrer
ganzen Natur nach nur auf Grund von Erfahrungsthatsachen
mit Erfolg beantwortet werden kann. Zwar wird dies
Verfahren von Dr. Paul bestritten, da er der Meinung ist,
dass, weil die Präexistenz durch das Phänomen des Bösen
postulirt werde, dieses Phänomen jedoch durch die empirische Forschung und Naturphilosophie nicht lösbar sei,

deshalb auch die beiden Letztern gegen den intelligiblen Character zu sprechen kein Recht hätten. Indessen deucht es uns, als stünde die Sache doch noch anders. Dass die Naturphilosophie nicht schlechterdings bei der Behandlung sittlicher und damit zusammenhängender Fragen auszuschliessen sei, gibt ja Dr. Paul selbst zu, indem er sagt, sie sei für die Lösung solcher Fragen „überhaupt nicht reich", also, fügen wir hinzu, doch auch nicht vollständig mittellos. Sie wird es sich daher zur Warnung dienen lassen, nur so viel und in so weit auf diesem Gebiete zu lehren, als sie eben die Mittel dazu besitzt. Wenn aber Dr. Paul ihr jede Einsprache wider den intelligiblen Character platterdings abspricht, so geht er unseres Erachtens zu weit und von einer falschen Voraussetzung aus. Wir räumen nur zu gern der Theologie und dem speculativen Denken den ihnen gebührenden Platz gerade bei der Untersuchung und Lösung der Frage nach dem Bösen ein. Allein von dem Augenblicke an, wo sie zur Beantwortung dieser Frage die Lehre von der Präexistenz der Seele nöthig haben, sind sie auf einen Boden hinübergetreten, der nicht ausschliesslich ihnen angehört, und auf dem sie der empirischen Forschung und Naturphilosophie eine ihnen coordinirte, wenn nicht gar übergeordnete Stellung bei der schliesslichen Entscheidung zugestehen müssen. Als ob, wenn es ja den empirischen Wissenschaften einmal gelänge, die Präexistenz als eine unbegründete Hypothese zu widerlegen, noch jemand sich zu derselben bekennen würde, rein deshalb, weil sie dem speculativen Denken für ein Postulat des Phänomens des Bösen gilt! Als ob nicht die Speculation oftmals gerade dadurch, dass sie ihre eigenen Bahnen ohne Berücksichtigung der empirischen Verhältnisse einschlug, sich in weite Fernen verloren hätte, in die wir sie zwar mit einer gewissen Bewunderung der Consequenz ihrer Gedanken und der Tiefe ihrer Anschauung, aber zugleich auch mit dem gewiss richtigen Gefühle begleiten, dass wir durch sie in ein Gebiet versetzt werden, welches in der Wirklichkeit des uns bekannten Lebens niemals seinen Reflex haben wird. Treten wir nun an die vorliegende Frage selbst näher heran. Das, was jeder, der nicht dem Materialismus huldigt, zugeben wird und zugeben muss, ist dies, dass der Mensch als eine organische Einheit von Leib und Geist allerdings zwei an sich streng zu scheidenden Sphären angehört: der Sphäre der Natur und des Geistes. Als Naturwesen ist er die Letzte, Höchste aller Bildungen dieser Erde. Als denkend-wollendes Wesen aber hat er in seinem Ich einen Vorzug, der ihn über alle anderen Creaturen der Erde hoch emporhebt, und den man trotz alles von gewissen Seiten daran gesetzten Scharfsinns bis zu dieser Stunde noch nicht aus dem rein natürlichen Sein und Leben hat erklären können.* So wichtig es nun für die wissenschaftliche Forschung ist, jederzeit dieser principiellen Differenz in der menschlichen Natur eingedenk zu sein, so wäre es doch ·ein vorschneller Schluss, wollte man sich die beiden Seiten des menschlichen Wesens als von einander so disparat vorstellen, dass es zur Entstehung und Bildung eines jeden einzelnen Menschen jedesmals auch einer Concurrenz der menschlichen Thätigkeit in der Zeugung und der göttlichen Thätigkeit in der besonderen Hinzufügung der Persönlichkeit bedürfe, mag die Letztere nun, wie Dr. Paul präsumirt, „von Ewigkeit her geschaffen" oder als anderswann und anderswie entstanden gedacht werden. Dieser ganzen Anschauungsweise gegenüber fragen wir ganz einfach: haben die Präexistentianer für diese ihre Hypothese irgend einen positiven Anhalt? Sie werden offen gestehen müssen, dass sie sich nach einem solchen bisher vergeblich umgesehen haben. Denn

---

* cf. Emil du Bois-Reimond, über die Grenzen der Naturerkenntniss. 1872,

gerade jenes von Plato herbeigebrachte Moment, die Er-
innernng an die einst intellectuell angeschauten Ideen, hat
nach den eingehenden Untersuchungen der Neuzeit über
die Entstehung der menschlichen Erkenntniss nicht nur
nicht seine Kraft verloren, sondern kann sogar als Gegenbeweis von uns benutzt werden. Sollten wir, so fragt man
unwillkürlich, von jenem Dasein, welches, weil von den
Schranken der Leiblichkeit frei, als ein viel höheres, wie
das menschliche, vorgestellt werden müsste, und welches
bei seiner Bedeutung für den empirischen Character doch
ein volles Bewusstsein seiner selbst gehabt hat, nicht die
geringste Spur einer Vorstellung, von jenem *modus existendi*
et agendi in der intelligiblen Welt nicht die geringste Kenntniss besitzen? Gewiss, hat man zuweilen geantwortet, der
Mensch ist gar wohl in dem Besitze eines solchen Bewusstseins an ein einstiges, aber jenseitiges Paradies, nämlich
in jenen Augenblicken, da er dies irdische Sein verges-
send in dem Zustande heiliger Begeisterung sich der geheimnissvollen Erinnerung an sein urständliches Sein hin-
gibt, und ihn das Gefühl der Weh- und Schwermuth über
die Last dieses Lebens überfällt. Wir überlassen einem
Jeden das Urtheil über den Werth dieses Argumentes,
welches, weil es aus dem subjectiven Grunde des inneren
Gemüthslebens hergenommen ist, eben nur für das betref-
fende Subject, welches also begeistert gewesen ist, oder
gewesen zu sein meint, eine factische Geltung hat. Jeden-
falls wird man zu der Wahrheit jenes Beweisgrundes nicht
gerade viel Zutrauen fassen können, wenn man bedenkt,
dass der bei weitem grösste Theil der Menschen derglei-
chen Gefühle, wie sie eben geschildert wurden, nicht
kennt; wenn man ferner erwägt, dass zu jener Majorität,
die diesen Enthusiasmus an sich erfahren zu haben ver-
neint, nicht eben die oberflächlichsten, sei's herz-, sei's geist-
losen, Naturen zählen; wenn man endlich den Umstand

in Betracht zieht, dass abgesehen von den Pessimisten des reinsten Wassers die Wenigen, die sich jener Wiedererinnerung rühmen, zum grossen Theil einer mehr oder weniger idealisirenden und spiritualisirenden Richtung huldigen. Und eine Frage bleibt uns immer noch bei der grösstmöglichen Respectirung jener subjectiven Empfindungen übrig, die nämlich, ob jene vermeintliche Rückerinnerung nicht eher die Folge einer eigenen und noch dazu oft ungesunden Thätigkeit und Erregtheit des Menschen selbst sei, als die eines realen Verhältnisses unseres empirischen Characters zu den intelligiblen. — So bleibt denn für die Präexistentianer ausser diesem schwachen und der Anfechtung ausgesetzten Beweise nur noch die Berufung darauf übrig, dass gewisse Thatsachen die Präexistenz fordern. Warum postuliren? fragen wir. Weil man bis zu diesem Augenblicke, werden sie antworten müssen, nicht im Stande gewesen ist, diese Thatsachen anders zu erklären. Allein, wenden wir da sofort ein, hat man denn bereits die untrügliche Garantie dafür, dass jene Probleme nur auf diesem Wege, nur durch diese Postulate ihre der Wirklichkeit entsprechende Lösung finden?

Aber auch abgesehen von den unzureichenden Beweismitteln der Präexistentianer macht sich eine nicht unbedeutende Menge von Thatsachen gegen ihre Hypothese geltend, welche bei der noch lange nicht abgeschlossenen Reihe von Beobachtungen zwar noch immer nicht nach allen Seiten hin als unwandelbar feste Beweise angesehen werden dürfen, wohl aber der Art sind, um uns einen wenigstens relativ sicheren Hinweis auf das Ziel hin zu geben, dem wir zusteuern. Wir beschränken uns auf die wichtigsten.

Bei aller sonstigen Differenz in den Vorstellungen über die Art und Weise der Entstehung der Welt, speciell der Erde, kommen doch auf Grund unzweifelhafter Erfahrungen fast ausnahmslos die Stimmen darin überein, dass, nachdem einmal alle die Bildungen in's Dasein getreten waren, welche in den ursprünglich gegebenen Verhältnissen ihre Möglichkeit gehabt hatten, dass dann an die Stelle der schöpferischen Thätigkeit Gottes, oder, wie Andere es von ihrem Standpunkt aus formuliren, an die Stelle der *generatio aequivoca* die Wiedererzeugung getreten ist, d. h. dass die verschiedenen Gattungen, einmal nur erst entstanden, vermöge der ihnen immanenten Productionskraft sich rein durch sich fortpflanzen und erhalten. Dieser Ansicht, welche bereits von Empedocles (*Plut. de plac. philos. I, 19, 26*) ausgesprochen worden ist und in allen späteren Zeiten bis auf den heutigen Tag namhafte Vertreter und glaubwürdige Zeugnisse für sich gehabt hat, dieser Ansicht wird zwar nicht geradezu von den Präexistentianern in's Gesicht geschlagen, insofern diese, von der Gewichtigkeit der Beweise für dieselbe nicht unberührt, eine *anima sensitiva* statuiren, die sie unter dieses allgemeine Naturgesetz stellen. „Die Theorie der Präexistenz lässt die ψυχή als ihr Organ nach Plato den Leib annehmen, nach dem Apostel als Basis ihrer zeitlichen Entwickelung durch die Zeugung der Eltern erhalten." Aber sofort heisst es weiter: „Nur hierauf lässt sich die traducianische Theorie beschränken. Für die *anima intellectiva* aber lässt sich die Letztere nicht mehr verwenden." Dr. Paul, aus dessen schon genannter Schrift diese Stelle entnommen ist, bestimmt nun freilich nicht näher, was Alles zu dem Umfange der beiden Begriffe (*anima sensitiva* und *intellectiva*) gehört; doch dürften wir in der *anima intellectiva* das die Person bildende Element wieder zu erkennen haben. Und in der That ist ja, wie wir uns das nicht verhohlen haben, dieses Element von so besonderer Qualität, dass man seinen Ursprung nicht aus dem rein natürlichen Sein zu erklären vermag. Nichtsdestoweniger wird man aber auch auf der andern Seite

zugeben müssen, dass es nicht ausser dem Bereiche der
Möglichkeit liegen dürfte, ja dem sonstigen Lauf der Dinge
analog wäre, wenn auch das personbildende Element, den
ersten Menschen ein für alle Mal mitgetheilt, in sich die
Fähigkeit und das Vermögen trüge, zugleich in und mit
der Zeugung die Basis für die Bildung einer neuen Persönlichkeit abzugeben, eine Vermuthung, die besonders durch
die Beobachtung nahe gelegt wird, dass in dem Kinde das
persönliche Bewusstsein nicht als etwas von vorn herein
vollständig Fertiges sich manifestirt, sondern sich erst allmälig herauszubilden scheint. Wir sind weit entfernt, uns
hier in Hypothesen zu ergehen, über die eine spätere,
besser unterrichtete Zeit vielleicht den Stab brechen könnte.
Aber das glauben wir behaupten zu können, dass, da wir
vor der Hand nur die Wirkungen, nicht aber die wesent-
liche Beschaffenheit des Ich's kennen, sich auch hinsichtlich der Entstehung desselben weder zu Gunsten der Präexistentianer noch zu Gunsten der Traducianer etwas positiv Gewisses aussagen lässt, dass aber die Beobachtungen
des übrigen Natur- und Weltenlaufes uns darauf als auf
das Wahrscheinlichere hinweisen, den Ursprung des Menschen
in seiner Totalität zunächst nur innerhalb der Grenzen der
menschlichen Gattung zu suchen. Sollten wir uns durch
diese Ansicht den Vorwurf des Naturalismus zuziehen, so
trösten wir uns dessen, dass sie am Ende nicht so viel
naturalistisches Element in sich birgt, als man in ihr suchen
könnte, und dass selbst das Buch, welches das grösste
Interesse hat, jedwede naturalistische Idee zu vermeiden,
die heilige Schrift, sich mehr auf die Seite des Traducianismus zu neigen scheint, wenn Stellen wie Gen. 1, 28 und
1, 22 verglichen werden, wo Jehova bezüglich der Weiterver-
breitung der Menschen, wie der Thiergattung dasselbe Wort
„seid fruchtbar und mehret euch" gebraucht, ohne jedweden
Hinweis darauf, dass er in diesem Falle das Thun der

Menschen durch die Hinzufügung der Seele mittels seiner
göttlichen Thätigkeit vollenden werde, wenn ferner mit
dem ersten grossen Sabbath eine scharf markirte Grenz-
linie zwischen der schöpferischen und erhaltenden Thätigkeit Gottes gezogen wird.

Die Ansicht des Traducianismus gewinnt aber weiter in
dem Grade an Wahrscheinlichkeit, wie die Präexistenztheorie
daran verliert, wenn wir gewisse psychologische Thatsachen näher in Betracht ziehen. Sehen wir, vorerst sittliche Fragen noch ganz ausser Acht lassend, einmal zu,
ob etwas und wie viel auf dem Wege der geschlechtlichen
Fortpflanzung dem Menschen überkommt. Es ist mehrfach
bereits durch scharfsinnige Beobachtungen und gelehrte
Forschungen darauf hingewiesen worden, dass „der Mensch
nicht als Mensch schlechthin geboren wird, weder so, dass alle
Geborene gleich indifferent oder so, dass sie alle nur ganz
bestimmte Anlagen mit auf die Welt brächten, sondern ein jeder
bereits mit der natürlichen Anlage zu einer bestimmten Eigenthümlichkeit in's Leben tritt", woher es erklärlich ist, dass
sich bisweilen eine Fähigkeit in dem Individuum Bahn
bricht, auf die die Erziehung nicht blos nicht gerichtet ist,
sondern der sie sogar energisch entgegenarbeitet. Fragen
wir aber darnach, woraus diese gleich mit der Geburt gegebene Eigenthümlichkeit zu erklären sei, so werden wir,
so lange wir noch an einen Causalzusammenhang glauben,
nicht Anstand nehmen können, dieselbe hauptsächlich als
durch die Zeugung vermittelt anzusehen. Wir werden zunächst somit unsere Blicke auf die Familie zu lenken haben,
und da zeigt sich bereits in rein äusserlicher, körperlicher
Beziehung gewöhnlich eine bald mehr bald weniger evidente
Aehnlichkeit entweder zwischen Eltern und Kindern oder
aber zwischen Grosseltern und Enkeln, und zwar in letzterem Falle nicht selten in der Weise, dass bei den zwischen
beiden vermittelnden Gliedern, den Eltern, eine Aehnlich-

keit sowohl nach Seite der Ascendenz als auch nach Seite
der Descendenz nicht bemerkbar ist, also das, was die Grosseltern und Enkel Gemeinsames haben, in den Eltern gleichsam latent gewesen ist. Scheint uns daher schon eine
Beobachtung des rein physischen Lebens einen Fingerzeig
zu geben, dass die Kinder den Eltern nicht nur ihr Dasein
überhaupt sondern auch die Art ihrer Existenz verdanken,
so spricht für diesen Gedanken auch die psychologische
Erfahrung und zwar ebenso in Rücksicht auf die höhern
wie niedern Functionen der Seele. Die nämlichen Tem-
peramente und dieselben geistigen Vorzüge, wie besondere
Schärfe des Denkens, prävalirende Gemüths- und Empfin-
dungstiefe, vorherrschende Willensenergie, endlich dieselben
Talente ziehen sich oft in ganz characteristischer Weise
durch gewisse Familien hindurch. Es ist dies ein Gebiet,
wo die interessantesten Erfahrungen gemacht werden können: nur bedarf es einer gewissenhaften Sorgfalt und Aus-
dauer im Forschen, welche sich durch anscheinend entgegengesetzte Bemerkungen nicht gleich irre machen lässt.
Haben wir doch schon oben gesehen, dass, wenn eine
Aehnlichkeit nicht allemal zwischen Eltern und Kind vorhanden ist, man nur eine Generation zurückzugreifen
braucht, um schliesslich doch noch einen überraschenden
Zusammenhang aufzufinden. Wie oft ferner tritt auf psychischem Gebiete dem forschenden Blicke eine Differenz
entgegen, die, in hellerem Lichte angeschaut, in der That
keine ist, als solche aber erscheint, indem man geneigt ist,
sich nur mit der Form der äusseren Erscheinung zu begnügen und nicht auf den letzten Grund, die Anlage, selbst
zurückzugehen. Es ist z. B. nicht selten der Fall, dass
missrathene Kinder nichts Gemeinsames mit ihren sittlich
guten Eltern zu theilen scheinen, und doch wäre es grund-
falsch, wollte man, indem man nur bei der ethischen Incongruenz Beider stehen bliebe, nicht das ihnen beiden

eigene Element, die stark ausgeprägte Willenskraft, wieder erkennen, welches gerade der Grund ist, dass die sittliche Differenz zwischen Eltern und Kind so auffällig zu Tage tritt. Man wird sich also zu hüten haben, allzuschnell in dem Individuum neue, durch die Zeugenden nicht bedingte Qualitäten finden zu wollen. Wie viele Talente können in den Eltern unentwickelt liegen, um in den Kindern als etwas schlechthin Neues zu erscheinen? Wie viele Variationen sind nicht ermöglicht durch die Mischung und organische Durchdringung des väterlichen und mütterlichen Elementes und dann vor allem durch die mannichfachen Gemüthsstimmungen und Geistesdispositionen bei dem jedesmaligen Acte der Zeugung? Es würde gewiss lohnend sein, wollte man dem nachforschen, wie auf diese Weise Anlagen ̍entweder paralysirt oder entbunden oder modificirt werden. Für den uns beschäftigenden Punkt genügt es, angedeutet zu haben, dass ohne allen Zweifel auf psychischem wie auf physischem Gebiete ein bald mehr bald weniger bemerkbarer Einfluss der Eltern auf die Kinder statt hat. Und, „da nun die Kinder ebensooft dem Vater wie der Mutter ähneln, wird der Schluss zu machen sein, dass bei aller Bedeutsamkeit der embryonalen Entwickelung doch der Zeugungsact dasjenige Moment ist, welches für die Existenzform wie den Existenzinhalt den Ausschlag gibt.“ Wir müssen den Präexistentianern es überlassen, ob sie nicht manches, was wir auf diese Art dem Menschen überkommen sein lassen, nicht eher der *anima intellectiva* als der *sensitiva* vindiciren möchten, wie wir auch andernfalls die Bedeutung der Einwürfe nicht unterschätzen, welche sie gegen uns erheben, wenn sie bemerken, dass „weder mit der Wiederholung väterlicher und mütterlicher Körper- und Geistesqualitäten noch mit einer blossen Auflösung der qualitativen Unterschiede in quantitative eine neue Eigenthümlichkeit so ohne Weiteres entsteht“, und dass mit allen diesen Beobachtungen für die Erklärung der Entstehung des Ich's noch nichts gewonnen ist. Allein das glauben wir auf Grund des Gesagten aufrecht erhalten zu können, dass, um die nothwendigen Bedingungen für alle zum Wesen des Menschen gehörigen Factoren zu gewinnen, sich vorläufig allen Anzeichen nach unser Blick nicht auf eine jenseitige Welt zu richten braucht, und dass die Möglichkeit einer Entstehung des Menschen in seiner Totalität einzig und allein auf dem Wege der Zeugung noch lange nicht in das Reich der Undenkbarkeit gehört, ja dass die Erfahrung es uns an die Hand gibt, den Traducianismus als die · wahrscheinlichere und begründetere Theorie der der Präexistenz vorzuziehen. Nur emsige und zahlreiche Untersuchungen auf diesem Gebiete werden im Stande sein, uns immer mehr der Wahrheit hinsichtlich dieses Punktes nahe zu führen.

Auf dem Grund der Familientypen ruhen nun weiter die individuellen Eigenthümlichkeiten der verschiedenen Stämme, Völker und Nationen, welche Eigenthümlichkeiten doch schliesslich auch nur als durch die Zeugung vermittelt gedacht werden können; und es verbindet sich mit diesen den grössern Gruppen des menschlichen Geschlechts characteristischen Merkmalen gleichsam als Reflex ein gewisses solidarisches Bewusstsein, welches sich innerhalb der engern Grenzen des häuslichen Herdes ebenso kräftig erweist, als in den weiteren Kreisen des Stammes, Volkes u. s. w.

Haben wir bisher nur den psychologischen Causalnexus zwischen den verschiedenen Generationen, noch abgesehen von ethischen Beziehungen im Auge gehabt, so werden wir schliesslich — und das ist für unsere Polemik gegen Kant von erheblicher Bedeutung — durch die Erfahrung oftmals ganz deutlich darauf hingeführt, dass sittliche Qualitäten und zwar nicht blos sittliche Vorzüge sondern auch sittliche Abnormitäten von Eltern auf Kinder sich

fortpflanzen, Fehler, die nicht etwa erst durch schlechte
Erziehung und schlechtes Beispiel sich in die jungen Gemüther eingewuchert haben, sondern gerade, weil sich die
Eltern derselben wohl bewusst sind, von ihnen desto ängst-
licher vor den Kindern verborgen werden. „So sieht man",
sagt J. Müller, „die Laster der Trunk- und Geschlechts-
lust, des zügellosen Ehrgeizes und des Jähzornes, wenn
die Eltern von ihnen beherrscht sind, überaus häufig in
den Kindern zum Vorschein kommen als gefährliche Ge-
neigtheit zu gleichen Entartungen." Und es ist dies etwas,
was uns nicht eben Wunder nehmen kann. Wir haben
zwar in früher Gesagtem es immer betont, dass die Sinnlichkeit an sich nicht der Grund des Bösen sein kann,
sondern nur die Basis ist, auf der die Sünde sich entfaltet. So fest man bei dieser Ansicht beharren muss, so
offen liegt es nun aber auch am Tage, dass mit dem Ein-
tritt des bösen Princips in das ihm eigenthümliche Gebiet
des Willens zugleich alle andern Theile der Menschennatur auf Grund der Einheit des menschlichen Wesens
davon afficirt werden; kurz, die Macht und der verderbliche Einfluss der Sünde macht sich in zweiter Linie auch
auf dem natürlichen, sinnlichen Gebiete geltend. Wer dies
bestreiten wollte, der kennt noch nicht die ungeheuren
Dimensionen und die furchtbare Gewalt, welche die Sünde
in der menschlichen Natur anzunehmen vermag. Ist somit
in und mit der Sünde eine solche Affection auch in die
Naturseite des menschlichen Organismus eingedrungen, so
wird Kant, so schwer es ihm auch von seinem moralistischen
Standpunkte werden mag, doch zugestehen müssen, dass
die Kinder mit dem leiblichen Leben zugleich auch jene
in das Physische eingedrungene Sündhaftigkeit von ihren Er-
zeugern empfangen. Auch Dr. Paul von seinem präexistentia-
nischen Gesichtspunkte aus gibt dies zu, fügt aber gleich
hinzu, dass die Sünde, die im Vernunftsursprunge gründet,

in der Sünde sich absondere, die Erbsünde ist, eine Behauptung, auf die wir später noch zurückkommen müssen.
Angesichts solcher Thatsachen sehen wir uns veranlasst, die Präexistenz und damit Kant's Annahme der intelligiblen That, zu der ja jene die Voraussetzung ist, als unwahrscheinliche Hypothesen zu verwerfen und bei der traducianischen Theorie zu beharren. Es sei nur noch gestattet, in aller Kürze einiger Einwürfe zu gedenken, die Dr. Paul gegen uns erhebt. Erstlich soll durch diese naturalistische Ansicht der Freiheitsbegriff verloren gehen. Ist die materiale Freiheit gemeint, so müssen wir dies zugestehen. Ob und wiefern nun der Mensch für diesen seinen natürlichen Habitus, der nicht Consequenz eines absolut freien Willensactes ist, zur Verantwortung gezogen werden kann, das zu erörtern liegt nicht innerhalb der Aufgabe dieser Abhandlung, welche nur die von Kant aufgestellten Behauptungen im Lichte der thatsächlichen Verhältnisse kritisch zu beleuchten hat. Nur das Eine sei hinsichtlich dieses Punktes bemerkt, dass nämlich Dr. Paul doch auch „von einer Erbsünde als etwas uns Ueberkommenem" reden muss, „in der der *successor* die rechtliche Persönlichkeit des Erblassers fortsetzt, obschon er physisch und metaphysisch eine neue Person bildet", und gleichfalls eine Zurechnung zu statuiren genöthigt ist, „insoweit als die Antretung einer mit Schulden belasteten Erbschaft auch diese Schulden zu übernehmen hat". Die Erbsünde soll nach ihm eine gewisse Zurechnung, nämlich die Uebernahme der Folgen der Sünde der Vorfahren, bedingen. Es zeigt sich in diesen wenigen Worten, dass auch durch die Lehre der Präexistenz und der intelligiblen That das Problem der Zurechnungsfähigkeit, welches Kant zu lösen beabsichtigt, noch nicht erklärt sein würde. Hat man zwar durch die an sich zweifelhafte Annahme der intelligiblen That die Freiheit des Menschen gerettet, so stellt sich doch

heraus, dass die „ungeschickteste" Erklärung des Bösen
durch Erbsünde doch auch auf diesem Standpunkte nicht
ganz vermieden werden kann und dieselben Schwierigkeiten sich von Neuem einstellen. Denn wir fragen: wie kann
uns jene Erbsünde, wie sie Dr. Paul annimmt, als etwas
Ueberkommenes, wenn auch, wie er beschränkend hinzu-
fügt, nur in gewisser Beziehung zugerechnet werden? Die
Antwort: „insofern die Antretung einer mit Schulden belasteten Erbschaft auch diese Schulden zu übernehmen hat"
scheint doch noch lange nicht genügend. Denn jenes Beispiel von der Erbschaft will wohl erwogen sein. Kann
denn in Wahrheit das Verhältniss eines Erben mit dem
des Menschen so ohne jedes Bedenken verglichen werden?
Dort ist von einem Acte der Freiheit die Rede, hier handelt es sich um einen Zustand, in den der Mensch ohne
sein Zuthun, ohne seine Beistimmung hineingesetzt ist.
Während niemand in der Welt erben muss, wenn er auch
nicht wollte, befindet sich der Mensch in diesem unsittlichen Habitus von dem ersten Athemzuge seines Lebens
an und keine noch so entschiedene Aeusserung seines
Willens würde ihn davon freimachen. Denn wäre er wirklich in Rücksicht auf die Annahme oder Zurückweisung des
sündlichen Erbes frei, würde er wohl eine Erbschaft an-
treten, bei der es fraglich ist, ob nicht die Schuld grösser
sei, als der Gewinn, oder hinsichtlich derer es mindestens
sehr zweifelhaft ist, ob die überkommene Schuld getilgt werden
kann? Kurz, wir sehen, dass für Dr. Paul und mit diesem
auch für Kant trotz der Hypothese des Vernunftursprungs
der Sünde sich eine Menge von Schwierigkeitea einstellen,
über die sie schwerlich hinwegkommen dürften. — Warum
ferner die traducianische Theorie nicht die Grade der Sündhaftigkeit, nicht jene Verschiedenheit in Bezug auf die
Stärke der bösen Neigung zu erklären vermöchte, das sehen
wir in der That nicht ein, wie wir auch den Einwand als

unbegründet zurückweisen, dass die Unsterblichkeit durch
uns gefährdet werde. Oder glauben die Präexistentianer
in ihrer Lehre der Unsterblichkeit ein ungleich sicheres
Fundament zu geben? Dr. Paul scheint dies zu meinen,
wenn er die Seelen für „von Ewigkeit her geschaffen"
hält. Jedoch, offen gestanden, können wir mit diesem
Ausdruck eine klare Vorstellung nicht verbinden. Sind die
Seelen geschaffen, so sind sie nicht „von Ewigkeit her",
da „Schaffen" nichts Anderes bedeutet, als etwas in's
Dasein rufen, was vordem nicht war, ihm einen Anfang
geben, welchen es ehedem noch nicht hatte. Wir sind
daher der Meinung, dass die Unsterblichkeitslehre durch
den Traducianismus nicht mehr oder weniger an Glaub-
würdigkeit gewinnt, als durch die Theorie der Präexistenz,
da Beide für die Seelen einen Anfang statuiren, Beide
demnach, um die Unsterblichkeit der Seele zu behaupten,
sich gegen den Satz: „was einen Anfang hat, muss auch
ein Ende haben" verantworten müssen.

Sind alle diese Betrachtungen dazu angethan, der Präexistenz die Wahrheit, der intelligiblen That die Realität
abzusprechen, so tragen wir zumal in Rücksicht auf Kant,
dies zu thun, um so weniger Bedenken, als es sich leicht
zeigen lässt, dass erstlich die intelligible That selbst für
das Kantische System Undenkbarkeiten involvirt, über die
unser Philosoph uns die Rechenschaft schuldig bleibt, und
dass zum Zweiten Kant nur zur Hälfte das erreicht hat,
was er zu erreichen beabsichtigte. Was das Erste, die
Undenkbarkeiten, anlangt, können wir uns um so kürzer
fassen, da die vorausgegangenen Untersuchungen auf das
hier zu Bemerkende hinlänglich vorbereitet haben.

Weil Kant die Zurechnungsfähigkeit des Menschen für
den schon mit der Geburt gegebenen Hang nicht aus den
Bedingungen des irdischen Lebens zu erklären im Stande
war, hielt er sich für genöthigt, ein intelligibles Sein anzu-

nehmen. In diese überzeitliche und überräumliche Welt, wo die Seele als über alle Fesseln des natürlichen Lebens mit seinem Causalnexus, mithin auch als über die Sinnlichkeit hoch erhaben vorgestellt werden sollte, in diese Welt, sagen wir, rettete unser Philosoph die menschliche Freiheit. Hier nun muss aber auch das Böse seinen letzten Grund, seinen Ursprung haben, und Kant unternimmt es denn, die Entstehungsweise und damit zugleich das Wesen jenes Phänomens begreiflich zu machen. Von dem Modus, nach welchem während des empirischen Lebens die Sünde sich zu entfalten pflegt, schliesst er ohne Weiteres auf die Art, wie in dem Noumenon das Böse sich realisiren müsse, indem er hierbei die Frage nach der Berechtigung dieses Schlusses ganz ausser Acht lässt und so bei der Bestimmung des Bösen vergisst, dass er es ja nicht mehr mit empirischen Verhältnissen, denen er sich eben glücklich entwunden hatte, sondern vielmehr mit dem intelligiblen Character zu thun habe, für dessen Selbstbethätigung doch sicherlich ganz andere Factoren und Motive bestehen müssen, als wie für das Phänomenon.

Statt nun in der Freiheit die Möglichkeit des Sündigens zu suchen und statt aus dem freien Willen als solchem das Böse hervorgehen zu lassen, zu welcher Anschauung ihn eine consequente Durchführung seiner Lehre vom intelligiblen Sein hätte hinleiten müssen und Andere, wie Schelling u. s. w., auch faktisch gekommen sind, recurrirt Kant in der Definition des Bösen als der Subordination des moralischen Gesetzes unter die Sinnlichkeit unbegreiflicher Weise auf einmal wieder auf die Sinnlichkeit, von welcher ja das Noumenon in dem Maasse unberührt ist, als nach dem Zeugnisse der Kritik der praktischen Vernunft sowie der Metaphysik der Sitten der Abstand zwischen der phänomenalen und intelligiblen Welt unendlich weit ist. Die Folge von diesem unrichtigen Verfahren ist keine geringere, als die, dass Kant niemals die Frage mit Erfolg zu beantworten vermag, wie dann überhaupt noch von einer Thatsächlichkeit des Bösen im Reiche des Intelligiblen die Rede sein könne, wenn die präexistente Seele die Sinnlichkeit noch nicht factisch angenommen hat, jene Sinnlichkeit, welche nothwendig zur Verwirklichung des Bösen gehört. Denn, wenn man auch im Interesse Kant's dazu seine Zuflucht nehmen wollte, dass man sagte, allerdings der That nach nicht, wohl aber der Idee nach, sofern die präexistente Seele sich für die zukünftige Subordination des Gesetzes unter das Princip der Selbstliebe entschiede, könne auch im intelligiblen Sinn von der Realität des Bösen die Rede sein, so dürfte es abgesehen davon, dass es immer noch räthselhaft bleibt, wie die nur der Idee nach gekannte Sinnlichkeit einen so gewaltigen Einfluss auf das Noumenon ausüben kann, ein Leichtes sein, aus sämmtlichen Schriften Kant's über die praktische Philosophie nachzuweisen, dass unser Philosoph da, wo er seinen Principien treu bleibt, die Unmöglichkeit des Bösen im Intelligiblen nicht bloss unklar, sondern bestimmt und deutlich zugibt, es also eine Inconsequenz ist, wenn er doch wieder das Böse daselbst sucht, eine Inconsequenz, auf die bereits Herbart, Müller und Dr. Paul hingewiesen haben. „Es ist jener Widerspruch, nach dem Kant einerseits die Freiheit ebenso eng mit dem Gesetze der praktischen Vernunft verknüpft, als die Naturursache an das Naturgesetz gebunden ist, andererseits aber genöthigt ist, die Freiheit des Willens als ein Vermögen zu behandeln, aus welchem nicht bloss das Gute, sondern auch das Böse, also der Widerstreit mit dem Sittengesetz hervorgeht."

Ausser diesen Widersprüchen mit sich selbst hat aber Kant auch nicht vollständig erreicht, was er gewollt. Wir haben oftmals Gelegenheit gehabt, darauf hinzuweisen, dass ein tief sittlicher Ernst unsern Philosophen getrieben

hat, vor allem die Zurechnungsfähigkeit des Menschen hinsichtlich des bösen Hanges in's rechte Licht zu stellen.
So sehr dies jede Kritik anzuerkennen hat, so gewiss darf
sie sich aber auf der andern Seite nicht verhehlen, dass
Kant durch die Lehre von der intelligiblen That zwar die Zurechnenbarkeit des bösen Hanges zu erklären versucht hat,
aber — und das ist eine nicht zu verkennende Schatten-
seite der Kantischen Religionsphilosophie — auf Kosten
jener Thatsache der allgemeinen Sündhaftigkeit. Und doch
ist er sich dieses Momentes von vornherein so bewusst,
dass es zweifelsohne ein Mangel seiner ganzen Lehrentwickelung ist, wenn er dasselbe wenig oder gar nicht be-
rücksichtigt, und uns schlechterdings keine Aufklärung über
das gibt, was er doch bei der Erklärung des radicalen
Bösen ausdrücklich als etwas zu Berücksichtigendes erwähnt,
indem er sagt: „jener subjective oberste Grund (der Ver-
derbniss) aller Maximen müsse mit der Menschheit selbst
— es sei wodurch es wolle — verwebt und darin gewurzelt sein." Wenn man Kant auf Grund dieses Mangels
seines Systems eine gewisse atomistische Richtung vorge-
worfen hat, welche die Menschheit nur als eine äusserliche
Summe vereinzelter, sich rein von sich aus sittlich bestim-
mender Individuen auffasse, so hat man gewiss nicht Un-
recht gehabt. Kant ist eben in dieser Beziehung noch ein
Kind jener Zeit, in der Individualismus und Subjectivismus
die Geister beherrschten. Dem eben Gesagten zufolge
wird es denn nun auch klar werden, in welchen Prämis-
missen die Veranlassung gegeben war, dass Kant zu dem
nicht zu billigenden Schlusssatze der Lehre vom radicalen
Bösen gekommen ist. Es sind die Sätze: der böse Hang
ist moralisch böse, daher zurechnenbar, und, weil dies, deshalb unsere eigene That. Nachdem wir nämlich nachgewiesen haben, dass eine intelligible That unwahrscheinlich
ist, und da ferner Kant den bösen Hang mit Recht ange-

boren sein lässt, so fällt von selbst die Behauptung, dass
dieser Hang die Folge einer vor der zeitlichen Existenz begangenen That sei; wohl aber bleibt dies feststehen, dass
er dem Menschen von den ersten Augenblicken des Daseins
inhärire. Nichtsdestoweniger muss man zugestehen, dass
wir auf Grund unseres Schuldbewusstseins uns für diesen
Hang, der nicht unsere That ist, verantwortlich fühlen.
Wie das soeben berührte Problem zu lösen sei, das zu
sagen liegt nicht im Bereiche unserer Aufgabe.

Die Schlussanmerkung von der Wiederherstellung der ursprünglichen Anlage zum Guten in
ihre Kraft lässt uns noch in eine andere Schwierigkeit
Einsicht erlangen, in welche Kant sich verwickelt hat, ohne
die Hoffnung, ihr zu entgehen. Was der Mensch ist und
werden soll, dazu muss er sich gemacht haben oder noch
machen: dieser Grundgedanke der Kantischen Moralphilosophie soll nun auch bei der Wiederherstellung des Guten
im Menschen durchgängig beibehalten werden. Hatte es
Kant durch die Hypothese der intelligiblen That möglich
gemacht, dieses sein Princip scheinbar mit Erfolg durch-
zuführen, so wird es jedoch ihm nun bei weitem schwerer
mit demselben Princip die Umkehr des Menschen vom
Schlechten zum Besseren plausibel zu machen; denn es
erhellt, dass es nach der dermaligen Beschaffenheit des
Subjectes etwas Anderes ist, jetzt, wo dasselbe anerkanntermaassen bös ist, sich gut zu machen, als früher, wo es absolut frei war, durch Missbrauch seiner Freiheit bös zu
werden. Kant fühlt dies zwar auch, wenn er der übernatürlichen Mitwirkung gedenkt, die er einmal bedingter
Weise für nöthig erklärt; allein sofort fällt er auf den
alten Standpunkt zurück, indem er vom Menschen fordert,
dass er sich dieser Mitwirkung doch auch erst würdig machen
und sie für seine Person acceptiren müsse. Eine so grosse
Wahrheit nun auch diese Forderung enthalten mag, auf

die Frage: „wie wird der Mensch gut?" oder auf die damit zusammenhängende: „wie macht er sich des übernatürlichen Beistandes würdig?", auf diese Fragen fehlt unserm Philosophen die genügende Antwort, ja muss sie ihm fehlen eben nach der ganzen Lehre der intelligiblen That. Ist, wie dies die Kritik der praktischen Vernunft und auch unsere Schrift will, das sittliche Menschenleben hier auf Erden nichts als der zeiträumliche Reflex einer intelligiblen Urentscheidung, nichts als die in den empirischen Anschauungsformen sich realisirende Offenbarung des bösgewordenen intelligiblen Characters, wie sollte da ein Anfang zur Besserung in diesem Erdenleben denkbar sein? Liegt es ferner im Wesen des Intelligiblen, dass die erste, die Urthat, durch eine zweite, ihre conträre That, nicht aufgehoben werden kann, wie wäre es möglich, dass der Mensch durch eigene Kraft die Rückkehr zum Guten anträte? Wo in aller Welt sind jene zu der Revolution in der Gesinnung nothwendigen Bedingungen? Die ursprüngliche Anlage zum Guten kann doch eine solche nicht abgeben sollen, da sie gegenüber der ein für alle Mal verdorbenen obersten Maxime, wie Kant das anderwärts zugibt, machtlos ist. Oder sollte wirklich an die Gültigkeit jenes andern Grundes, den Kant für die Möglichkeit des Besserwerdens aus eigener Kraft anführt: „ich soll, also muss ich auch können" jemand noch glauben wollen? Man mag die sittliche Verderbtheit in der Menschenwelt noch so sehr kennen gelernt haben, das wird man nicht in Frage stellen, dass es trotzdem noch einen grossen Theil Menschen gibt, bei denen der ernstliche Wille, sich zu bessern, vorhanden ist. Von ihnen mag sich Kant die Antwort geben lassen auf sein Wort: du sollst, also kannst du. J. Müller bemerkt treffend hierzu: „Hatte Kant einmal aus der Zurechnung des Bösen, die er doch in die menschliche Natur eingewurzelt fand, geschlossen, dass dasselbe trotz dieser Einwurzelung in die Natur seinen Ursprung nicht in einem Nichtkönnen, sondern in der intelligiblen That der Freiheit habe, so konnte er doch das dabei zum Grunde gelegte Axiom: „ich soll (das Böse meiden), also kann ich" nicht zum zweiten Male brauchen, um dadurch das Gegentheil, die Ueberwindung jenes radicalen Bösen, zu beweisen." Was aber die Mittel anlangt, die er zur Bewerkstelligung der Umkehr an die Hand gibt, Cultivirung der Anlage des Guten, Erweckung der Begeisterung für das moralische Gesetz u. s. w., nun so bedarf es wohl keines besonderen Hinweises, dass sie ihrer ganzen Natur nach nicht jene Kraft haben können, um ein neues Leben in dem Menschen hervorzulocken. Mit dem Troste einer unendlichen Annäherung zum Ziele, eines Ueberwiegens des Bösen scheidet Kant in diesem ersten Stück seiner Religionsphilosophie von dem Leser. Wenn irgendwo, so lässt sich hier klar und deutlich erkennen, dass alle Bemühungen der Philosophie, und trügen sie einen noch so ernsten Character, nicht im Stande sind, noch je im Stande sein werden, auf die grosse und wichtige Frage nach dem Modus, wie der Mensch jene leidigen Fesseln der Sünde von sich werfen und seiner gottgewollten Bestimmung gerecht werden könne, eine befriedigende Antwort zu geben. Hier eben, dünkt uns, ist der Punkt, da die Weisheit der Welt an ihre Grenze angelangt ist, um der christlichen Wahrheit den ihr gebührenden Platz einzuräumen.